Impressum
Verlag: BABADADA GmbH, Nedderfeld 112 , 22529 Hamburg
Geschäftsführer / Verlagsleitung: Harald Hof
Druck: Books on Demand GmbH, In de Tarpen 42, 22848 Norderstedt

Imprint
Publisher: BABADADA GmbH, Nedderfeld 112 , 22529 Hamburg, Germany
Managing Director / Publishing direction: Harald Hof
Print: Books on Demand GmbH, In de Tarpen 42, 22848 Norderstedt, Germany

xue xiao
de School

jiao shi
de Klassenstuuv

chu
delen

186/2

hei ban
de Tafel

xiao yuan
de Schoolhoff

lao shi
de Schoolmeester

zhi
dat Papeer

shu xie
schrieven

gang bi
de Sticken

ban gong zhuo
de Schrievdisch

zhi chi
dat Lienholt

shu
dat Book

xue sheng
de Schöler

shu bao

de Ranzel

qian bi he

de Feddermapp

qian bi

de Bleesticken

juan bi dao

de Scharpmaker

xiang pi ca

dat Radeergummi

hua ban

de Tekenblock

tu hua

de Teken

hua bi

de Pinsel

yan liao he

de Malkassen

jian dao

de Scheer

jiao shui

de Klever

lian xi ce

dat Heft to'n Öven

jia ting zuo ye

de Huusopgaav

shu zi

de Tall

jia

tohooptellen

jian

aftrecken

cheng

malnehmen

ji suan

reken

zi mu

de Bookstaav

zi mu biao

dat ABC

zi

dat Woort

ke wen

de Text

du

lesen

fen bi

de Kried

shang ke

de Stunn

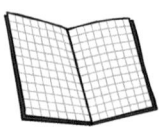

deng ji

dat Klassenbook

kao shi

de Pröven

zheng shu

dat Tüügnis

xiao fu

de Schooluniform

jiao yu

de Utbillen

bai ke quan shu

dat Nakieksel

da xue

de Universität

xian wei jing

dat Mikroskop

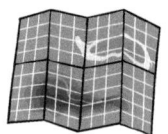

di tu

de Koort

fei zhi kuang

de Papeerkorf

xue xiao - de School

lü xing
de Törn

jiu dian
dat Hotel
Grand
qing nian lü xing she
de Harbarg
ROOMS
wai bi dui huan chu
de Wesselstuuv
EXCHANGE
shou ti xiang
de Kuffer
qi che
dat Auto

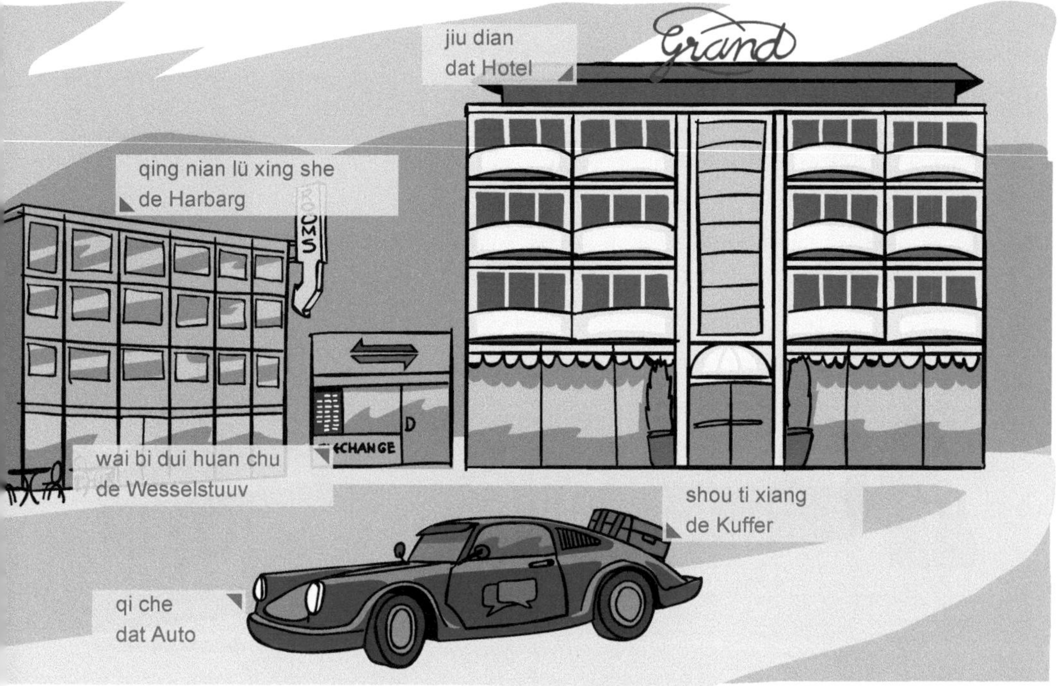

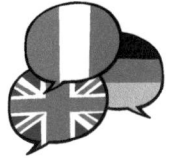

yu yan

de Spraak

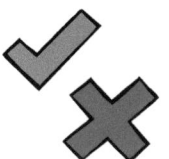

shi/fou

jo / ne

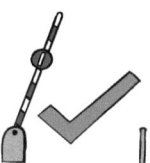

hao de

Jo

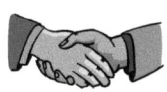

nin hao

Moin

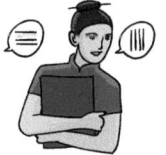

fan yi yuan

de Översetter

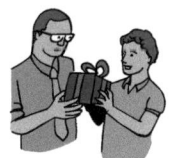

xie xie

Dank ok

......duo shao qian?

Wat kost...?

wo bu ming bai

Ik verstah nich

wen ti

dat Problem

wan shang hao!

Goden Avend

zao shang hao!

Moin!

wan an!

Gode Nacht!

zai jian

Tschüüs

fang xiang

de Richt

xing li

de Bagaasch

bao

de Tasch

shuang jian bao

de Rüchsack

ke ren

de Gast

fang jian

de Stuuv

shui dai

de Slaapsack

zhang peng

dat Telt

lü you xin xi

Touristeninformatschoon

hai tan

de Strand

xin yong ka

de Kreditkoort

zao can

dat Fröhstück

wu can

dat Meddageten

wan can

dat Avendeten

piao

de Fohrkort

dian ti

de Fohrstohl

you piao

de Breefmark

bian jie

de Grenz

hai guan

de Toll

da shi guan

de Dottschop

qian zheng

dat Visum

hu zhao

de Pass

lü xing - de Törn

jiao tong yun shu

de Transport

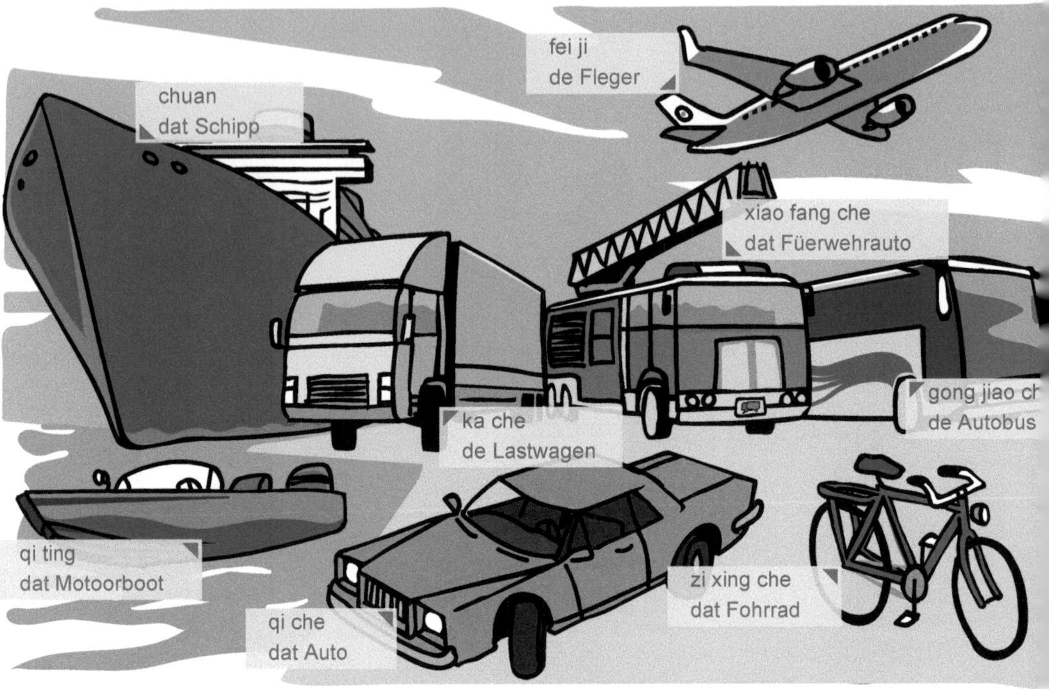

fei ji
de Fleger
chuan
dat Schipp
xiao fang che
dat Füerwehrauto
gong jiao ch
de Autobus
ka che
de Lastwagen
qi ting
dat Motoorboot
zi xing che
dat Fohrrad
qi che
dat Auto

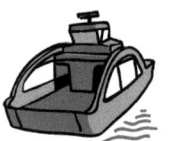

bai du chuan

de Fähr

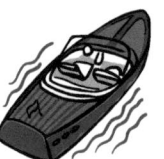

xiao chuan

dat Boot

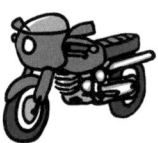

mo tuo che

dat Motoorrad

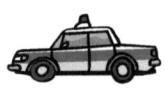

jing che

dat Polizeiauto

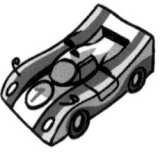

sai che

dat Rönnauto

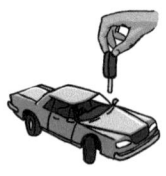

zu che

de Lehnwagen

pin che
dat Carsharing

tuo che
de Afsleepwagen

la ji che
dat Müllauto

fa dong ji
de Motoor

qi you
de Kraftstoff

jia you zhan
de Tanksteed

jiao tong biao zhi
dat Verkehrsschild

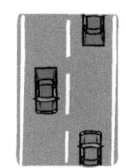

jiao tong
de Verkehr

jiao tong du sai
de Stau

ting che chang
de Afstellplatz

huo che zhan
de Bahnhoff

gui dao
de Sporen

huo che
de Tog

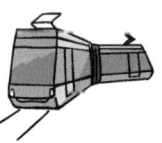

dian che
de Stratenbahn

huo che
de Wagon

zhi sheng ji

de Dwarsmöhl

ji chang

de Flooghaven

ta

de Tower

cheng ke

de Fohrgast

ji zhuang xiang

de Grootkist

zhi ban xiang

de Karton

shou tui che

de Koor

lan zi

de Korf

qi fei/jiang luo

starten / lannen

cheng shi

de Stadt

cun zhuang

dat Dörp

shi zhong xin

de Binnenstadt

fang zi

dat Huus

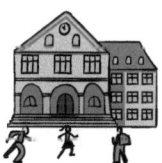

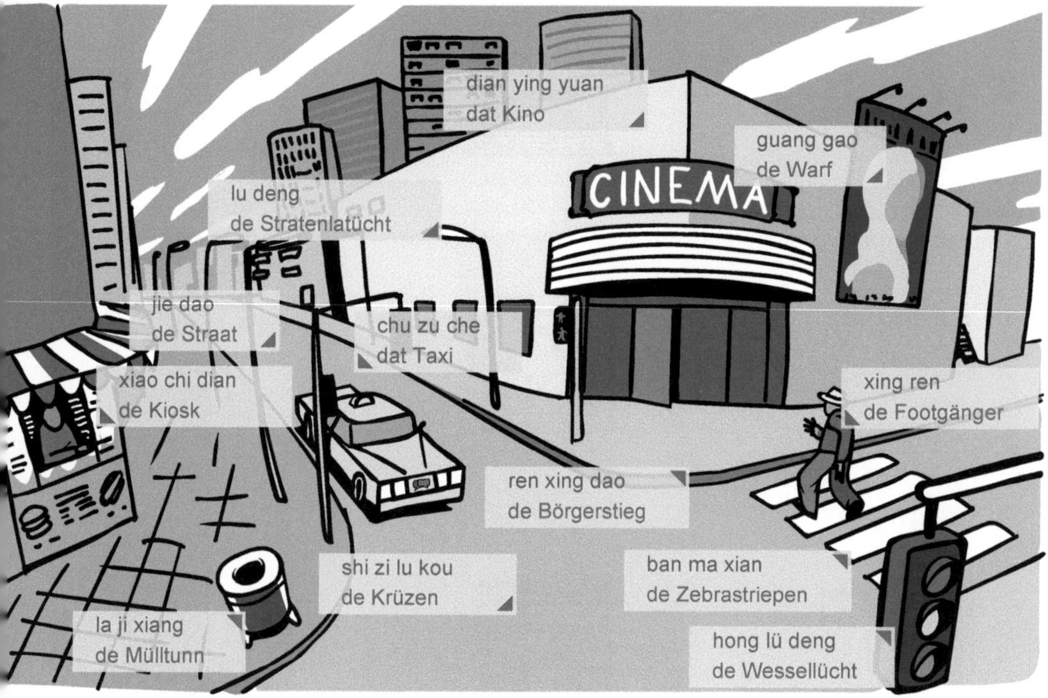
dian ying yuan
dat Kino
guang gao
de Warf
CINEMA
lu deng
de Stratenlatücht
jie dao
de Straat
chu zu che
dat Taxi
xiao chi dian
de Kiosk
xing ren
de Footgänger
ren xing dao
de Börgerstieg
shi zi lu kou
de Krüzen
ban ma xian
de Zebrastriepen
la ji xiang
de Mülltunn
hong lü deng
de Wessellücht

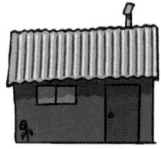

xiao wu

de Hütt

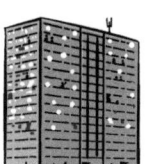

gong yu

de Wahnung

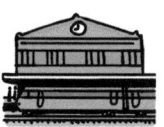

huo che zhan

de Bahnhoff

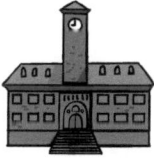

shi zheng ting

dat Raathuus

MUSEUM

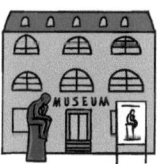

bo wu guan

dat Museum

xue xiao

de School

da xue

de Universität

yin hang

de Bank

yi yuan

dat Krankenhuus

jiu dian

dat Hotel

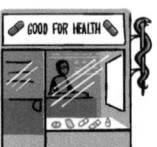

yao fang

de Afteek

ban gong shi

dat Büro

shu dian

de Bookhökerie

shang dian

de Hökerie

hua dian

de Blomenhökerie

chao shi

de Supermarkt

shi chang

de Markt

bai huo shang dian

dat Koophuus

yu dian

de Fischhökerie

gou wu zhong xin

dat Inkoopszentrum

hai gang

de Haven

gong yuan

de Parkanlaag

chang deng

de Bank

qiao

de Brüch

lou ti

de Trepp

di tie

de Ünnergrundbahn

sui dao

de Tunnel

gong jiao che zhan

de Busstoppsteed

jiu ba

de Bar

can guan

dat Spieslokal

you tong

de Breefkassen

lu biao

dat Stratenschild

ting che ji shi qi

de Parkklock

dong wu yuan

de Deertenpark

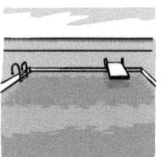

you yong guan

de Baadanstalt

qing zhen si

de Moschee

nong chang

de Buernhoff

wu ran

de Ümweltversmudden

mu di

de Karkhoff

jiao tang

de Kark

cao chang

de Speelplatz

si miao

de Tempel

di xing

de Landschop

shu ye
dat Blatt

zhi shi pai
de Wiespahl

lu
de Weg

cao di
de Wisch

shi tou
de Steen

shu
de Boom

tu bu lü xing zhe
de Wannerer

he
de Fluss

cao
dat Gras

hua
de Bloom

xia gu

dat Daal

shan

de Barg

hu

de See

sen lin

dat Holt

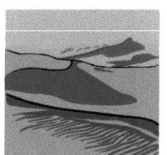

sha mo

de Wööst

huo shan

de Füerspien Barg

cheng bao

dat Slott

cai hong

de Regenbagen

mo gu

de Poggenstohl

zong lü shu

de Palm

wen zi

de Steekmück

cang ying

de Fleeg

ma yi

de Miegeemk

mi feng

de Imm

zhi zhu

de Spinn

jia chong

de Sebber

qing wa

de Pogg

song shu

de Katteker

ci wei

de Swienegel

ye tu

de Haas

mao tou ying

de Uul

niao

de Vagel

tian e

de Swaan

ye zhu

dat Wildswien

lu

de Hirsch

mi lu

de Elk

shui ba

de Staudamm

feng li fa dian ji

dat Windrad

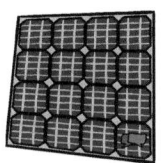

tai yang neng dian chi ban

dat Solarmodul

qi hou

dat Klima

can guan
dat Spieslokal

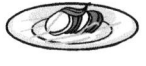

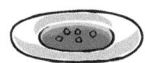

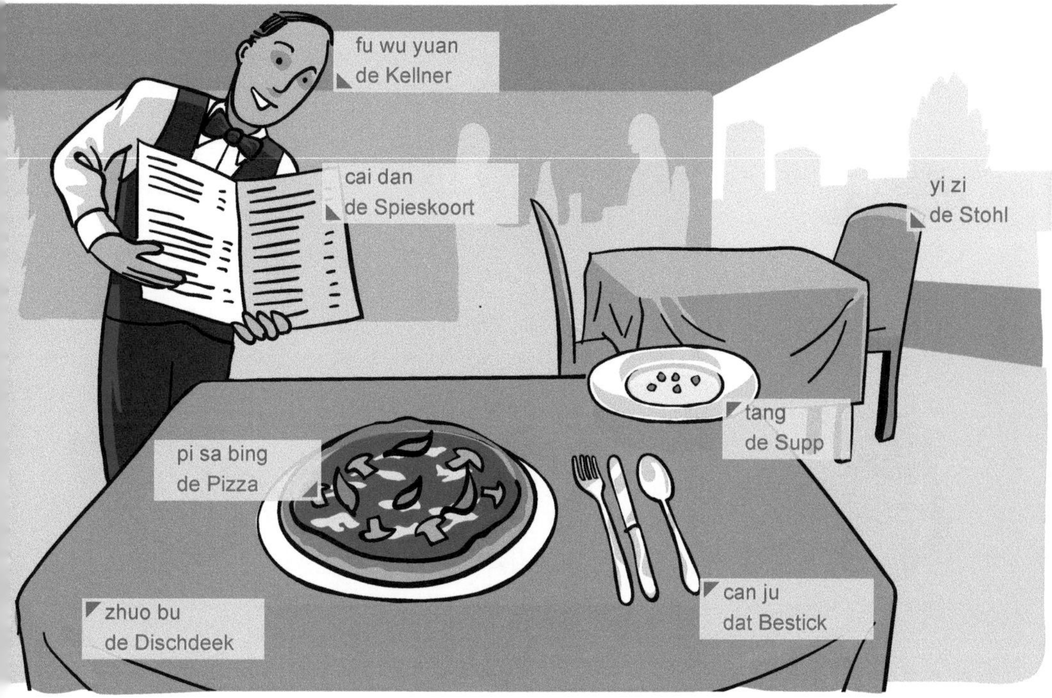
fu wu yuan
de Kellner
cai dan
de Spieskoort
yi zi
de Stohl
tang
de Supp
pi sa bing
de Pizza
zhuo bu
de Dischdeek
can ju
dat Bestick

qian cai

de Vörspies

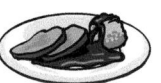

zhu cai

dat Haupteten

tian dian

de Nadisch

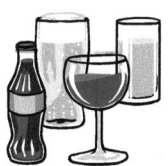

yin liao

de Drünk

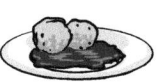

shi wu

dat Eten

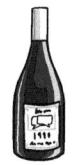

ping zi

de Buddel

kuai can

dat Fastfood

jie bian xiao chi

dat Strateneten

cha hu

de Teekann

tang he

de Zuckerdoos

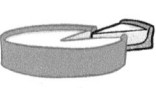

yi fen fan cai

de Portschoon

yi shi ka fei ji

de Espressomaschien

gao jiao yi

de Hoochstohl

zhang dan

de Reken

tuo pan

dat Tablett

dao

dat Mess

can cha

de Gavel

shao zi

de Lepel

cha chi

de Teelepel

can jin

dat Munddook

bo li bei

dat Glas

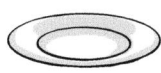

die zi

de Töller

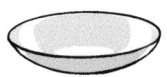

tang pan

de Suppentöller

die zi

de Ünnertass

jiang

de Sooß

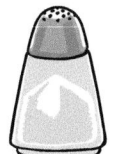

yan ping

de Soltstreuer

hu jiao mo

de Pepermöhl

cu

de Etig

shi yong you

dat Ööl

tiao wei liao

de Krüder

fan qie jiang

de Ketchup

jie mo

de Mostrich

dan huang jiang

de Mayonnaise

chao shi
de Supermarkt

te jia
dat Anbott
FOR
gu ke
de Kunn
ru zhi pin
de Melkprodukten
shui guo
dat Aaft
gou wu che
de Inkoopswagen

BUTCHERS

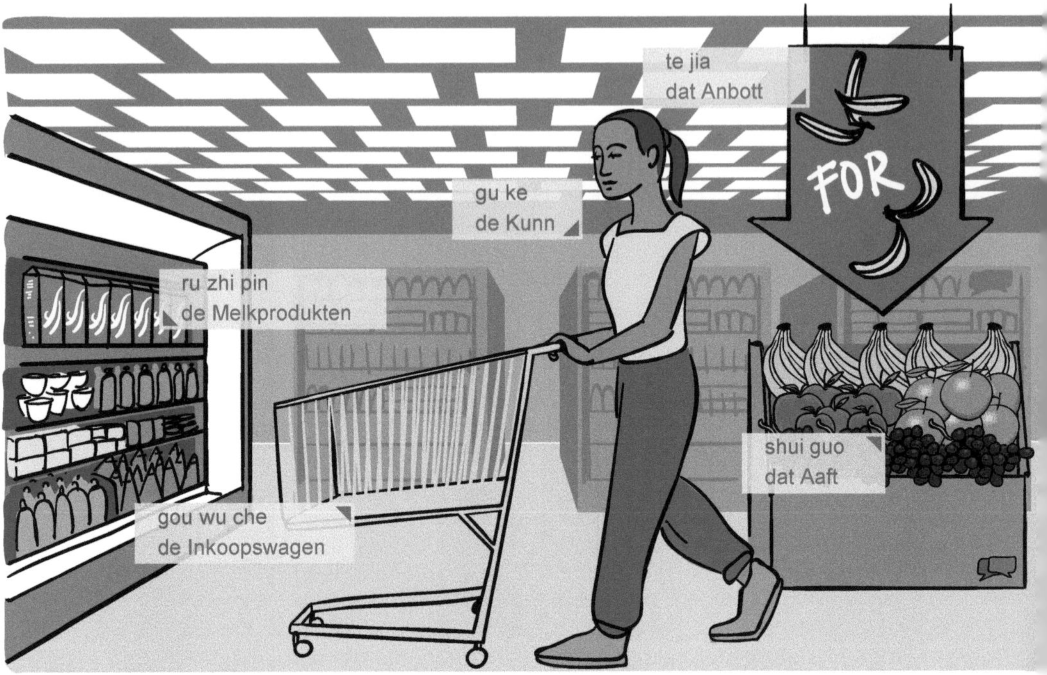

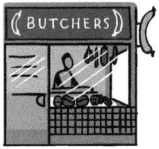

rou pu

de Slachterie

BAKERY

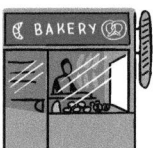

mian bao fang

de Bäckerie

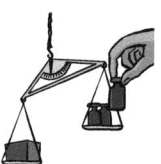

cheng zhong

wegen

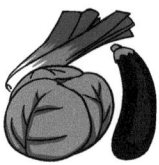

shu cai

de Gröönsaken

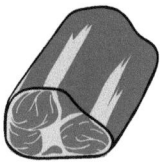

rou

dat Fleesch

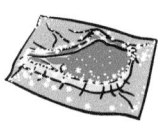

leng dong shi pin

de Deepköhlkost

leng pan

de Opsnitt

guan tou shi pin

de Konserven

xi yi fen

de Waschmiddel

tian shi

de Snoopkraam

ri yong pin

de Huushooltssaken

qing jie yong pin

de Reinmaaktüüch

xiao shou yuan

de Verköpersche

shou yin ji

de Kass

shou yin yuan

de Kasserer

gou wu qing dan

de Inkoopslist

kai fang shi jian

de Opsparrtieden

qian bao

de Breeftasch

xin yong ka

de Kreditkoort

dai zi

de Tasch

su liao dai

de Plastiktüüt

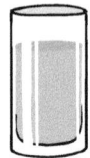

shui

dat Water

guo zhi

de Saft

niu nai

de Melk

ke le

de Cola

hong jiu

de Wien

pi jiu

dat Beer

jiu

de Spriet

ke ke

de Kakao

cha

de Tee

ka fei

de Koffie

yi shi nong suo ka fei

de Espresso

ka bu qi nuo

de Cappucino

xiang jiao

de Banaan

ping guo

de Appel

cheng zi

de Appelsien

xi gua

de Meloon

ning meng

de Zitroon

hu luo bo

de Wöttel

da suan

de Knuuvlook

zhu zi

de Bambus

yang cong

de Zibbel

mo gu

de Poggenstohl

jian guo

de Noot

mian tiao

de Nudeln

yi da li mian tiao

de Spaghetti

mi fan

de Ries

sha la

de Salat

shu tiao

de Pommes frites

zha tu dou

de Braadkantüffeln

pi sa bing

de Pizza

han bao bao

de Hamborger

san ming zhi

dat Sandwich

zha zhu pai

dat Snitzel

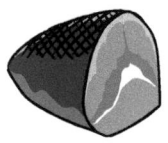

huo tui

de Schinken

sa la mi

de Salami

xiang chang

de Wust

ji rou

dat Hohn

kao rou

de Braden

yu

de Fisch

yan mai pian

de Haverflocken

mu zi li

dat Müsli

yu mi pian

de Cornflakes

mian fen

dat Mehl

yang jiao mian bao

de Croissant

mian bao juan

dat Rundstück

mian bao

dat Broot

kao mian bao

dat Toast

bing gan

de Keksen

huang you

de Botter

ning ru

de Quark

dan gao

de Koken

dan

dat Ei

jian dan

dat Spegelei

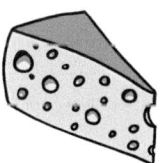

nai lao

de Kees

bing ji lin

de Ies

tang

de Zucker

feng mi

de Honnig

guo jiang

de Marmelaad

qiao ke li jiang

de Nougat-Creme

ga li fan

dat Curry

nong chang
de Buernhoff

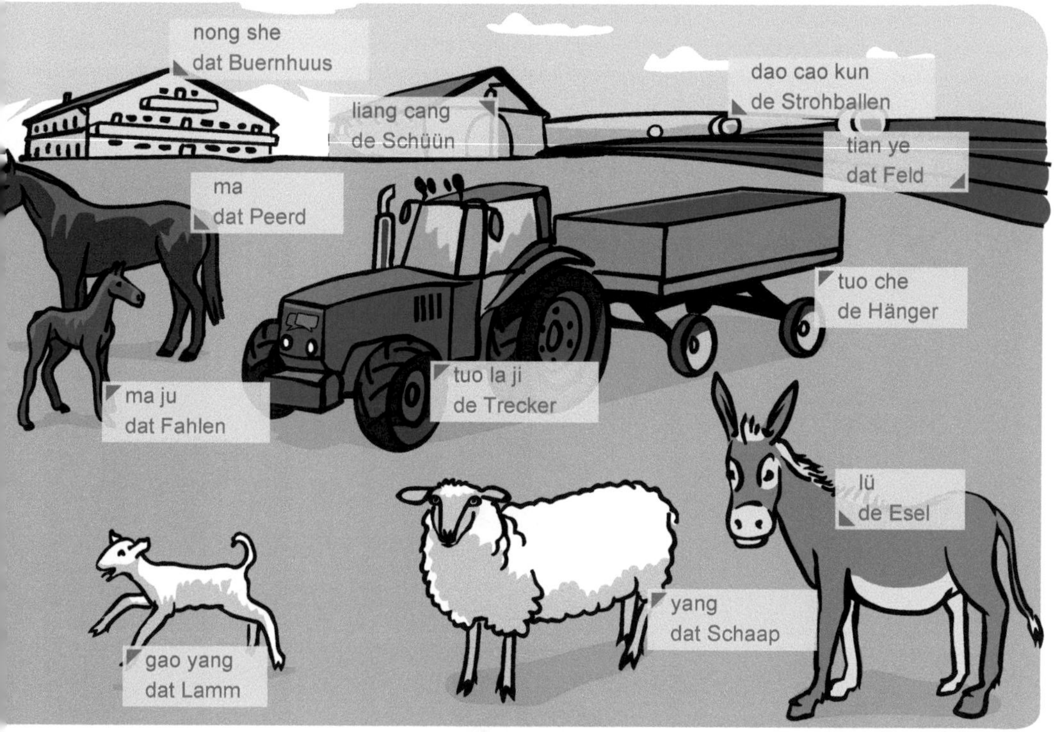
nong she
dat Buernhuus
liang cang
de Schüün
dao cao kun
de Strohballen
tian ye
dat Feld
ma
dat Peerd
tuo che
de Hänger
ma ju
dat Fahlen
tuo la ji
de Trecker
lü
de Esel
yang
dat Schaap
gao yang
dat Lamm

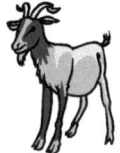

shan yang

de Zeeg

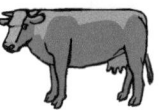

nai niu

de Koh

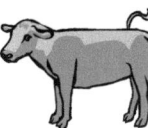

niu du

dat Kalf

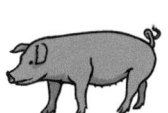

zhu

dat Swien

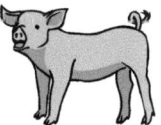

xiao zhu

dat Farken

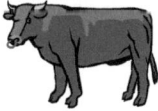

gong niu

de Bull

e
de Goos

ya
de Aant

xiao ji
dat Küken

mu ji
dat Hohn

gong ji
de Hahn

shu
de Rott

mao
de Katt

lao shu
de Muus

niu
de Oss

gou
de Hund

gou wu
de Hunnenhütt

hua yuan jiao shui ruan guan
de Goornslauch

sa shui hu
de Geetkann

chang bing da lian dao
de Lee

li
de Ploog

lian dao

de Sich

chu tou

de Hack

chang bing cao pa

de Mestfork

fu tou

de Ext

du lun shou tui che

de Schuufkoor

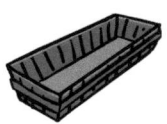

si liao cao

de Trog

niu nai guan

de Melkkann

ma bu dai

de Sack

zha lan

de Tuun

ma jiu

de Stall

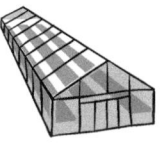

wen shi

dat Drievhuus

tu rang

de Bodden

zhong zi

de Saat

fei liao

de Dünger

lian he shou ge ji

de Meihdöscher

shou ge

oornen

shou ge

de Oorn

shan yao

de Yamswöttel

xiao mai

de Weten

da dou

dat Soja

tu dou

de Kantüffel

yu mi

de Törksche Weten

you cai zi

de Rapp

guo shu

de Aaftboom

shu shu

de Troopsch Kantüffel

gu wu

dat Koorn

fang zi
dat Huus

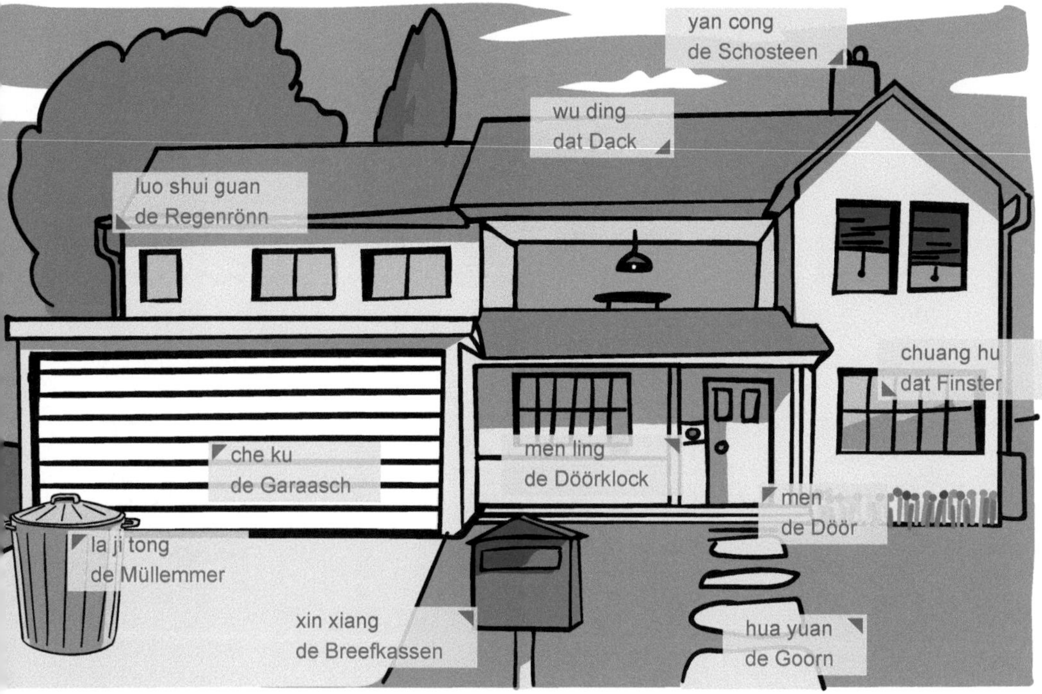
yan cong
de Schosteen
wu ding
dat Dack
luo shui guan
de Regenrönn
chuang hu
dat Finster
che ku
de Garaasch
men ling
de Döörklock
men
de Döör
la ji tong
de Müllemmer
xin xiang
de Breefkassen
hua yuan
de Goorn

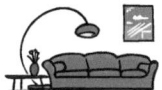

ke ting

de Wahnstuuv

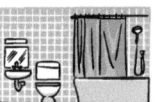

yu shi

de Baadstuuv

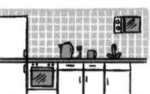

chu fang

de Köök

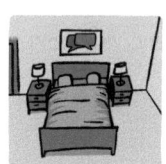

wo shi

de Slaapstuuv

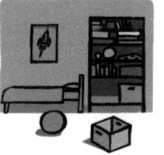

er tong fang

de Kinnerstuuv

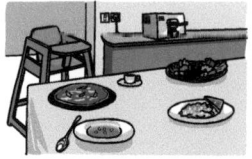

can ting

de Eetstuuv

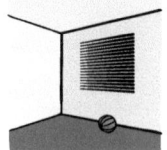

di ban

de Footbodden

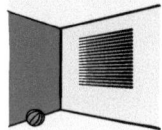

qiang bi

de Wand

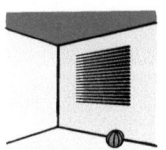

diao ding

de Deek

di jiao

de Keller

sang na

dat Hittluftbad

yang tai

de Balkon

lu tai

de Terrass

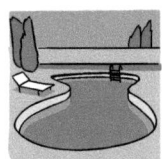

you yong chi

dat Swümmbad

ge cao ji

de Rasenmeiher

bei dan

de Bettbetog

chuang zhao

de Bettdeek

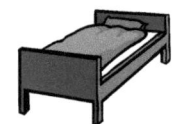

chuang

de Puuch

sao zhou

de Bessen

shui tong

de Emmer

kai guan

de Schalter

ke ting
de Wahnstuuv

bi zhi
de Tapeet
zhao pian
dat Bild
tai deng
de Lamp
ge jia
dat Regal
chu gui
dat Schapp
dian shi ji
de Kiekkassen
bi lu
de Kamin
hua
de Bloom
dian zi
dat Küssen
sha fa
dat Sofa
hua ping
de Vaas
yao kong qi
de Feernbedenen

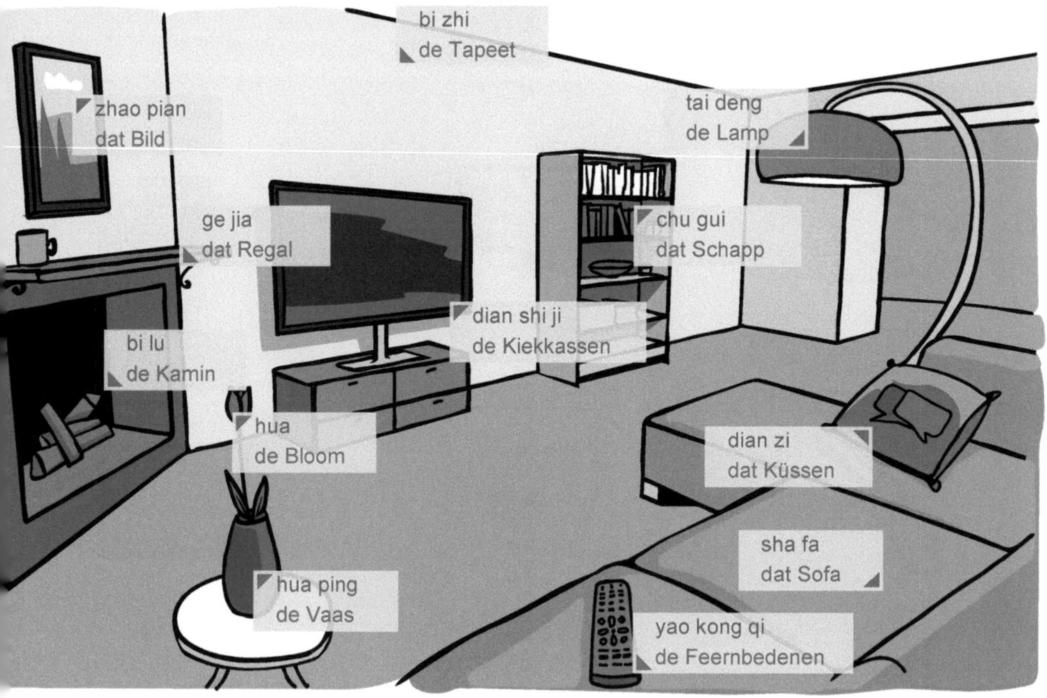

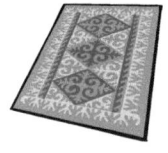

di tan
de Teppich

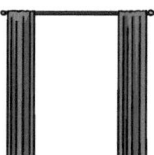

chuang lian
de Vörhang

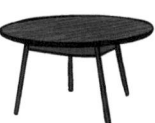

can zhuo
de Disch

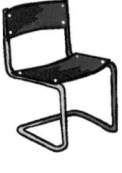

yi zi
de Stohl

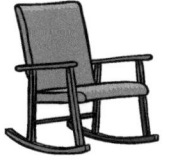

yao yi
de Schuckelstohl

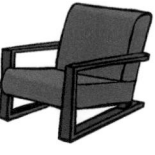

fu shou yi
de Sessel

shu

dat Book

tan zi

de Deek

zhuang shi pin

de Dekoratschoon

mu chai

dat Füerholt

dian ying

de Film

gao bao zhen yin xiang

de Stereoanlaag

yao shi

de Slötel

bao zhi

dat Narichtenblatt

you hua

dat Gemälde

hai bao

dat Poster

shou yin ji

dat Radio

bi ji ben

de Opschrievblock

xi chen qi

de Huulbessen

xian ren zhang

de Kaktus

la zhu

de Kars

chu fang
de Köök

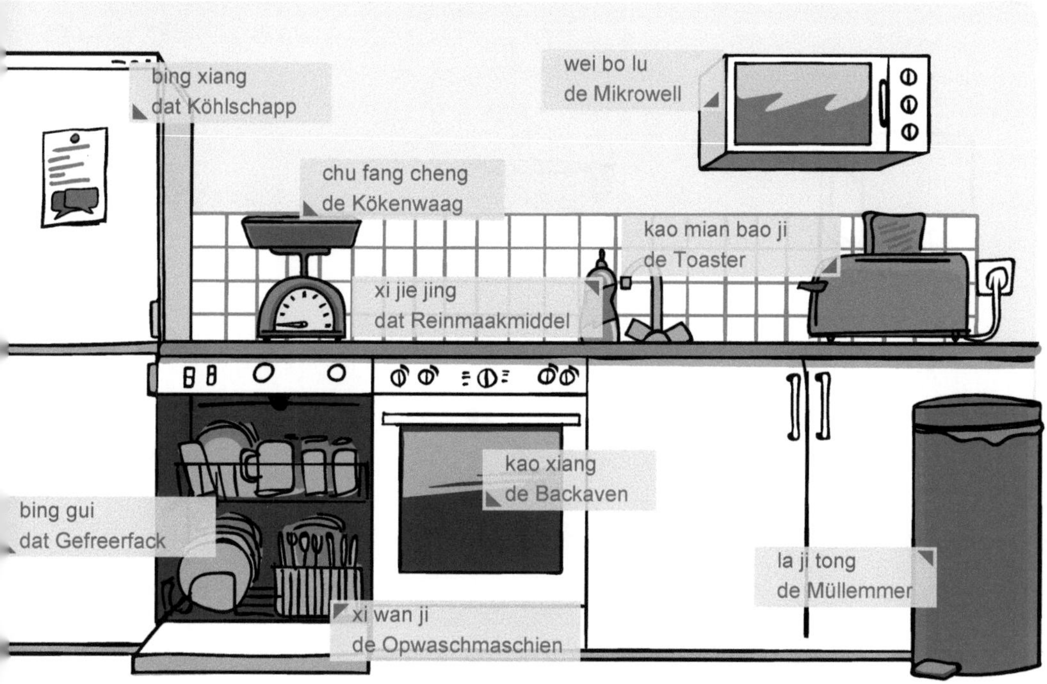

bing xiang
dat Köhlschapp
wei bo lu
de Mikrowell
chu fang cheng
de Kökenwaag
kao mian bao ji
de Toaster
xi jie jing
dat Reinmaakmiddel
kao xiang
de Backaven
bing gui
dat Gefreerfack
la ji tong
de Müllemmer
xi wan ji
de Opwaschmaschien

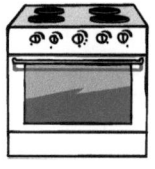

chui ju

de Heerd

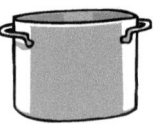

guo

de Pott

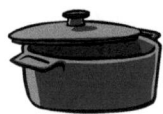

zhu tie guo

de Gussiesern Putt

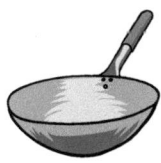

sha guo

de Wok / Kadai

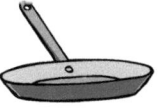

ping di guo

de Pann

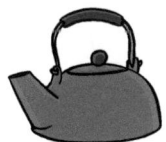

shui hu

de Waterkaker

zheng guo

de Dampkaakputt

kao pan

dat Backblick

tao ci guo

dat Geschirr

ma ke bei

de Beker

wan

de Schaal

kuai zi

de Eetsticken

chang bing shao

de Suppenkell

chan zi

de Pannenwenner

jiao ban qi

de Sneebessen

lü wang

dat Kaakseef

shai zi

dat Seef

mo sui ji

de Riev

yan bo

de Mörser

shao kao

de Grill

ming huo

de Füerstell

cai ban

dat Sniedbrett

gan mian zhang

dat Nudelholt

kai ping qi

de Proppentrecker

guan zi

de Doos

kai ping qi

de Dosenaapner

ge re shou tao

de Pottlappen

shui cao

dat Waschbecken

shua zi

de Böst

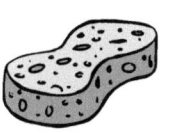

hai mian

de Swamm

jiao ban ji

de Mixer

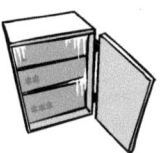

leng cang xiang

dat Iesschapp

nai ping

de Nuckelbuddel

shui long tou

de Waterhahn

yu shi
de Baadstuuv

lin yu
de Bruus
gong nuan she bei
de Heizung
mao jin
dat Handdook
yu lian
de Bruusvörhang
pao mo yu
dat Schuumbad
yu gang
de Baadwann
bo li bei
dat Glas
xi yi ji
de Waschmaschien
shui long tou
de Waterhahn
ci zhuan
de Fliesen
bian hu
de lütte Putt
shui cao
dat Waschbecken

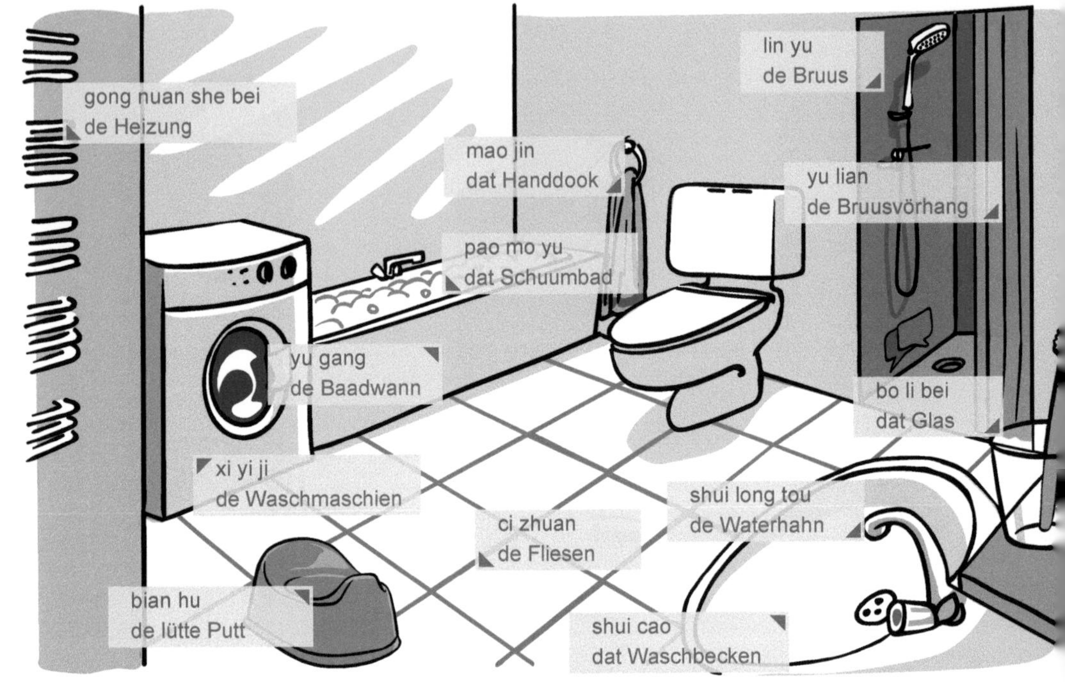

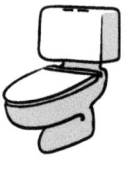

ce suo
de Tante Meier

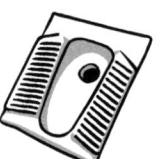

dun bian qi
de Hockklo

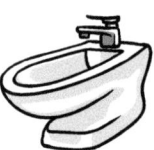

zuo yu qi
dat Bidet

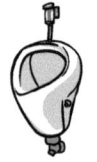

xiao bian chi
dat Miegbecken

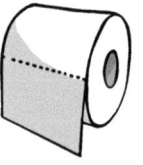

ce zhi
dat Klopapeer

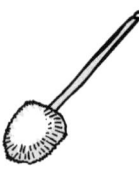

ma tong shua
de Kloböst

ya shua

de Tähnböst

ya gao

de Tähnpast

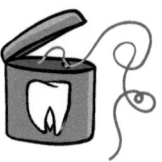

ya xian

de Tähnsied

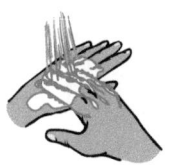

xi

waschen

shou chi shi pen lin tou

de Handbruus

chong xi qi

de Intimbruus

xi lian pen

de Waschschöttel

ca bei shua

de Rüchböst

fei zao

de Seep

mu yu lu

dat Bruusgeel

xi fa shui

dat Hoorwaschmiddel

fa lan rong

de Waschlappen

pai shui

de Afloop

ru shuang

de Creme

chu chou ji

dat Deodorant

yu shi - de Baadstuuv

jing zi

de Spegel

shou jing

de Kosmetikspegel

ti xu dao

de Raserer

ti xu pao mo

de Raseerschuum

xu hou shui

dat Raseerwater

shu zi

de Kamm

shua zi

de Böst

chui feng ji

de Hoordröger

pen fa ding xing ji

dat Hoorspray

hua zhuang pin

de Smink

chun gao

de Lippensticken

zhi jia you

de Nagellack

hua zhuang mian

de Watt

zhi jia jian

de Nagelscheer

xiang shui

dat Rüükwater

xi shu bao

de Kulturbüdel

deng zi

de Schemel

ji zhong cheng

de Waag

yu pao

de Baadmantel

xiang jiao shou tao

de Gummihanschen

wei sheng mian tiao

de Tampon

wei sheng jin

de Damenbinn

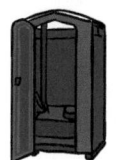

hua xue ce suo

dat Chemieklo

er tong fang

de Kinnerstuuv

nao zhong
de Wecker
mao rong wan ju
dat Knudeldeert
wan ju che
dat Speeltüüchauto
bo lang gu
de Klöter
wan ju wu
dat Poppenhuus
li wu
dat Geschenk

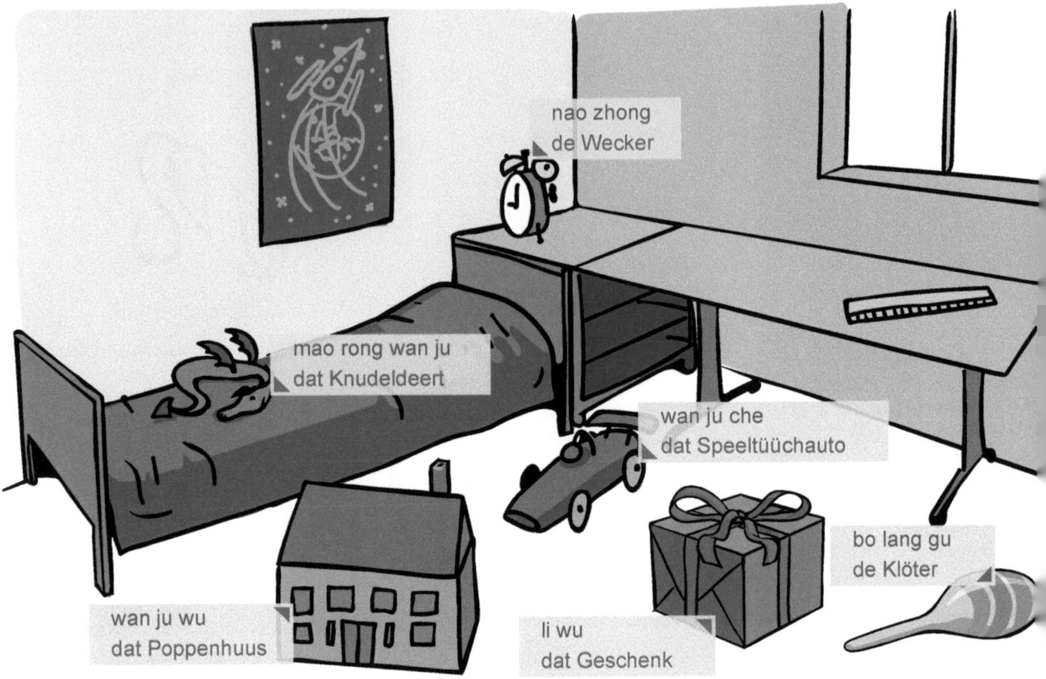

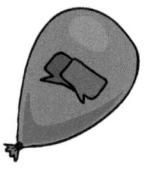

qi qiu
de Luftballon

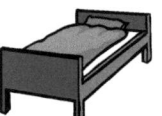

chuang
de Puuch

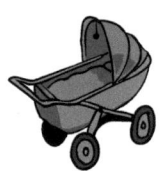

(yang wa wa yong)ying er che
de Kinnerwagen

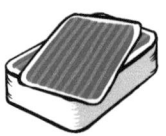

pu ke pai
dat Koortenspeel

pin tu
dat Puzzle

SUPER
MEGA

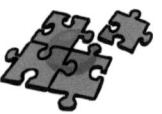

man hua
de Billergeschicht

le gao ji mu

de Legostenen

ji mu wan ju

de Bustenen

wan ju ren

de Action-Figur

ying er fu

de Strampelantog

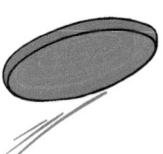

fei pan

de Frisbeeschiev

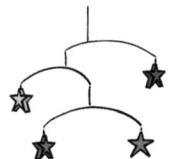

chuang ling wan ju

dat Mobile

qi pan you xi

dat Brettspeel

shai zi

de Wörpel

huo che mo xing

de Modelliesenbahn

an fu nai zui

de Snuller

ju hui

de Party

hui ben

dat Billerbook

qiu

de Ball

yang wa wa

de Popp

wan

spelen

sha keng

de Sandkassen

qiu qian

de Schuckel

wan ju

dat Speeltüüch

you xi ji

de Speelkonsool

san lun che

dat Dreerad

tai di xiong

de Teddyboor

yi chu

dat Klederschapp

yi fu

dat Tüüch

wa zi

de Socken

chang wa

de Strümp

jin shen ku

de Strumpbüx

wei jin
dat Halsdook

pi dai
de Liefreem

yu san
de Paraplü

T xu
dat T-Shirt

xue zi
de Stevel

tuo xie
de Puuschen

yun dong xie
de Turnschoh

liang xie
de Sandalen

xie
de Schoh

yu xue
de Gummistevel

nei ku
de Ünnerbüx

xiong zhao
de Bostholler

bei xin
dat Ünnerhemd

yi fu - dat Tüüch

shen ti

de Lief

ku zi

de Büx

niu zai ku

de Jeansnüx

duan qun

de Rock

nü shi chen shan

de Bluus

chen shan

dat Hemd

tao tou shan

de Pullover

wei yi

de Kapuzenpullover

xi zhuang jia ke

de Blazer

jia ke

de Jack

wai tao

de Mantel

yu yi

de Övertrecker

tao zhuang

dat Kostüm

lian yi qun

dat Kleed

hun sha

dat Hochtietskleed

xi zhuang

de Antog

shui pao

dat Nachtkleed

shui yi

de Slaapantog

sha li

de Sari

tou jin

dat Koppdook

bao tou jin

de Turban

bo ka

de Burka

ka fu tan

de Kaftan

(a la bo shi)chang pao

de Abaya

yong yi

de Baadantog

nan shi yong ku

de Baadbüx

duan ku

de Korte Büx

yun dong fu

de Antog to'n Öven

wei qun

de Schört

shou tao

de Handschoh

niu kou

de Knopp

yan jing

de Brill

shou lian

dat Armband

xiang lian

de Halskeed

jie zhi

de Ring

er huan

de Ohrbummel

bian mao

de Mütz

yi jia

de Klederbögel

mao zi

de Hoot

ling dai

de Binner

la lian

de Rietslüter

tou kui

de Helm

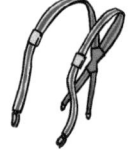

bei dai

dat Drachtband

xiao fu

de Schooluniform

zhi fu

de Uniform

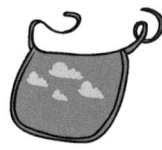

wei dou

de Severböten

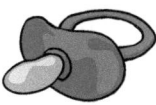

an fu nai zui

de Snuller

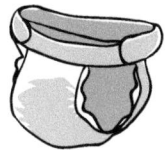

niao bu shi

de Winnel

ban gong shi
dat Büro

fu wu qi
de Server
wen jian gui
dat Aktenschapp
da yin ji
de Drucker
xian shi ping
de Bildschirm
i
at Papeer
shu biao
de Muus
ban gong zhuo
de Schrievdisch
wen jian jia
de Orner
jian pan
dat Knoopboord
fei zhi kuang
de Papeerkorf
dian nao
de Computer
yi zi
de Stohl

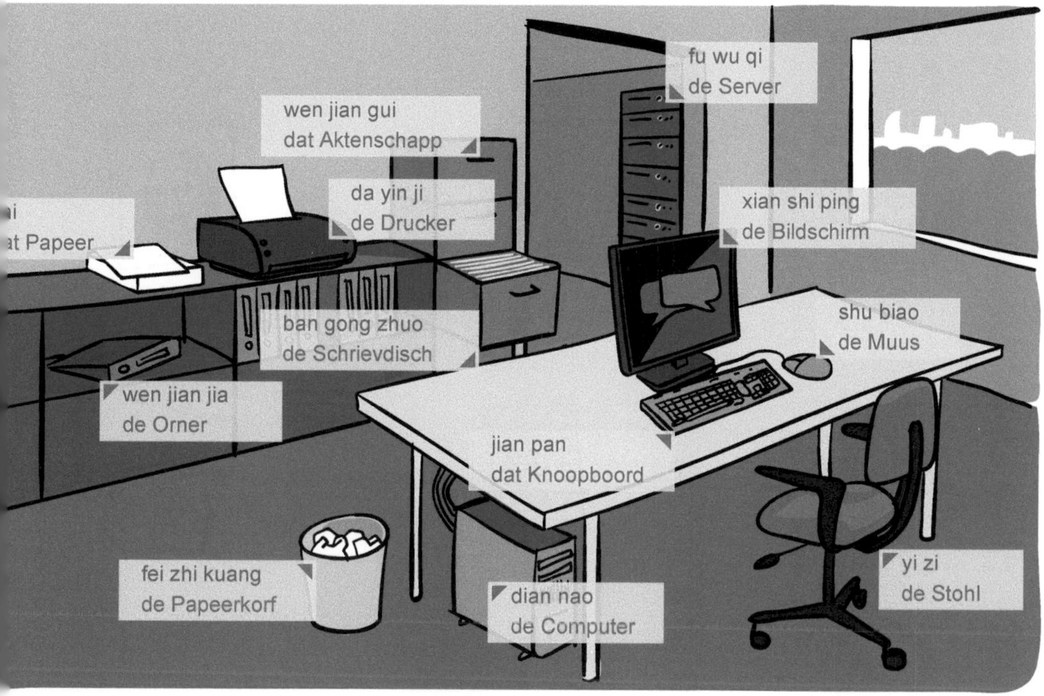

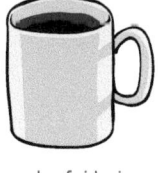

ka fei bei

de Koffiebeker

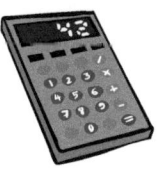

ji suan qi

de Taschenreekner

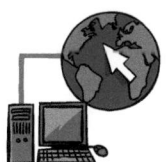

yin te wang

dat Internet

bi ji ben dian nao

de Klappreekner

xin jian

de Breef

xiao xi

de Naricht

shou ji

de Ackersnacker

wang luo

dat Nettwark

fu yin ji

de Kopeerapparat

ruan jian

de Software

dian hua

de Klöönkassen

cha zuo

de Steekdoos

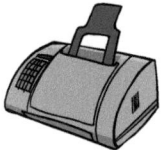

chuan zhen ji

de Faxapparat

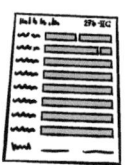

biao ge

dat Formulor

wen jian

dat Dokument

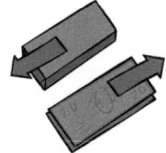

mai

köpen

fu qian

betahlen

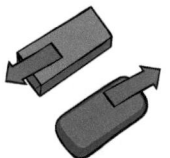

jiao yi

hanneln

xian jin

dat Geld

mei yuan

de Dollar

ou yuan

de Euro

ri yuan

de Yen

lu bu

de Ruvel

rui shi fa lang

de Swiezer Franken

ren min bi

de Renminbi Yuan

lu bi

de Rupıe

ti kuan chu

de Geldautomat

wai bi dui huan chu

de Wesselstuuv

jin

dat Gold

yin

dat Sülver

shi you

dat Ööl

neng yuan

de Energie

jia ge

de Pries

he tong

de Verdrag

shui jin

de Stüer

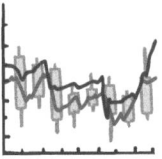

gu piao

de Andeelschien

gong zuo

arbeiden

zhi yuan

de Anstellte

lao ban

de Arbeitgever

gong chang

de Fabrik

shang dian

de Hökerie

zhi ye
de Profeschonen

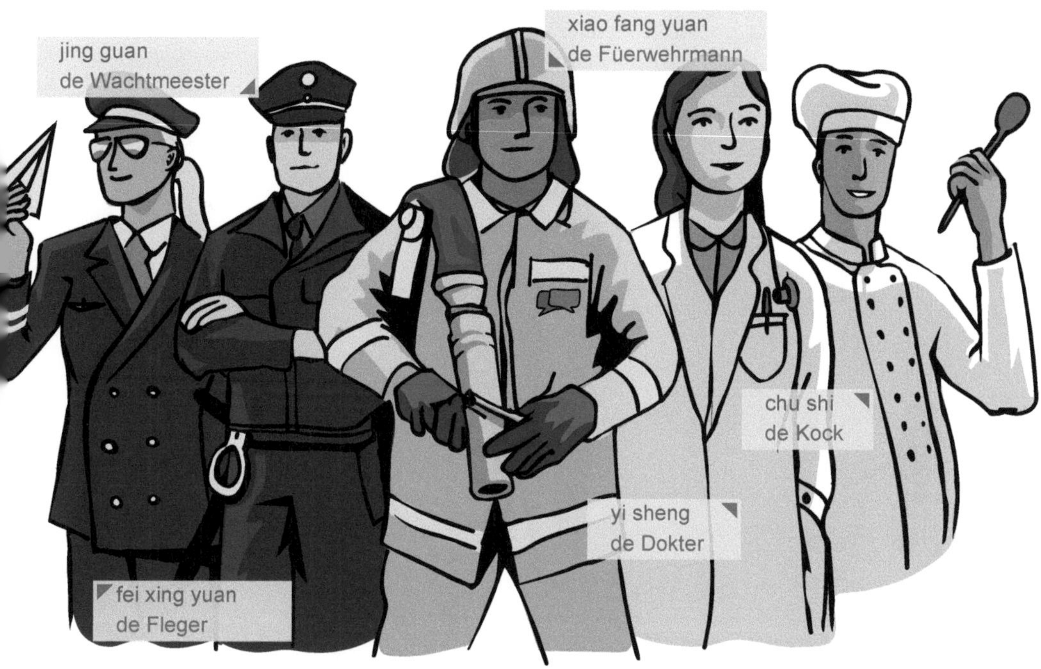
xiao fang yuan
de Füerwehrmann
jing guan
de Wachtmeester
chu shi
de Kock
yi sheng
de Dokter
fei xing yuan
de Fleger

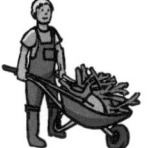

yuan ding

de Goorner

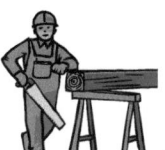

mu jiang

de Discher

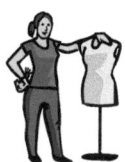

cai feng

de Neihersche

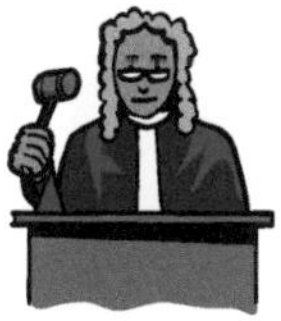

fa guan

de Richter

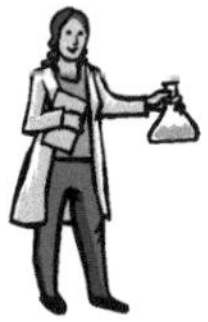

hua xue jia

de Chemiker

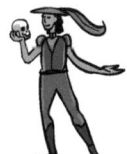

yan yuan

de Schauspeler

gong jiao che si ji

de Busfohrer

chu zu che si ji

de Taxifohrer

yu fu

de Fischer

qing jie nü gong

de Reinmaakfru

wu ding gong

de Dackdecker

fu wu yuan

de Kellner

lie ren

de Jäger

hua jia

de Maler

mian bao shi

de Bäcker

dian gong

de Elektriker

jian zhu gong ren

de Buarbeider

gong cheng shi

de Ingenieur

tu fu

de Slachter

shui guan gong

de Klempner

you di yuan

de Postbüdel

shi bing

de Suldat

jian zhu shi

de Architekt

shou yin yuan

de Kasserer

hua nong

de Florist

li fa shi

de Putzbüdel

shou piao yuan

de Schaffner

ji xie shi

de Mechaniker

chuan zhang

de Kaptein

ya yi

de Tähndokter

ke xue jia

de Wetenschopler

la bi

de Rabbi

yi ma mu

de Imam

he shang

de Mönk

mu shi

de Paap

gong ju

dat Warktüüch

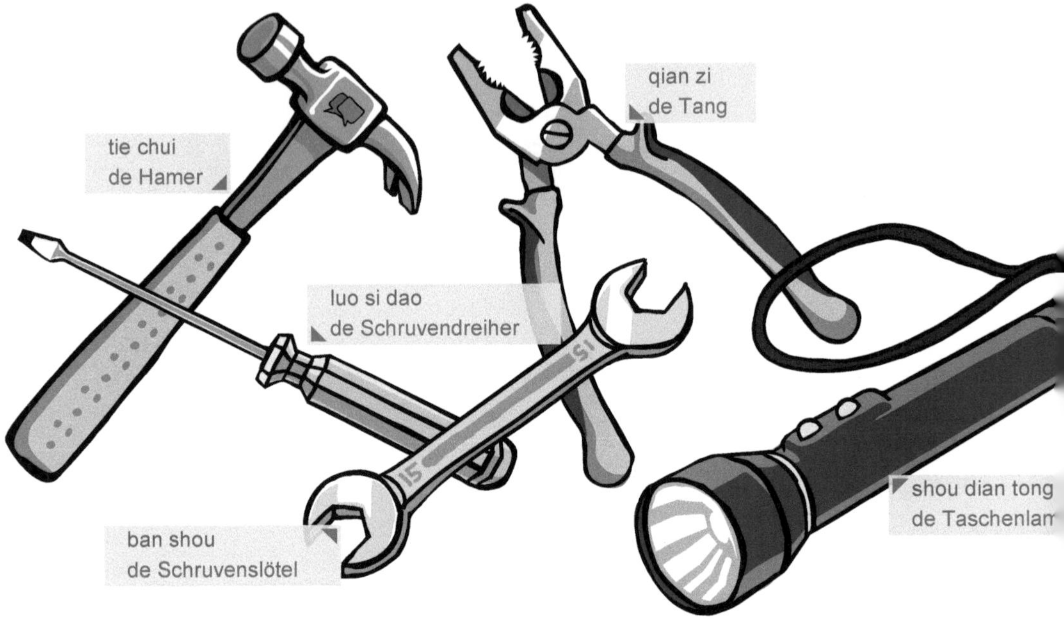

qian zi
de Tang
tie chui
de Hamer
luo si dao
de Schruvendreiher
shou dian tong
de Taschenlam
ban shou
de Schruvenslötel

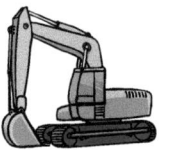

wa jue ji

de Grieper

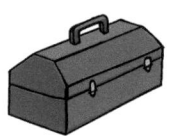

gong ju xiang

de Warktüüchkassen

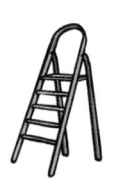

ti zi

de Ledder

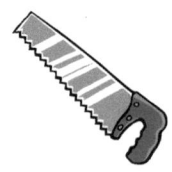

ju zi

de Saag

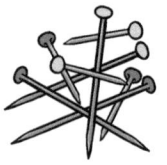

ding zi

de Nagels

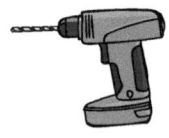

zuan ji

de Bohrer

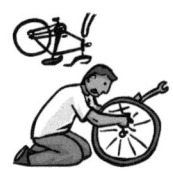

xiu

heelmaken

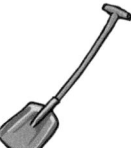

chan zi

de Schüffel

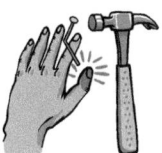

kao!

Schiet!

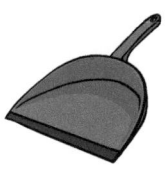

bo ji

dat Kehrblick

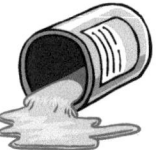

you qi tong

de Farvpott

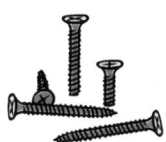

luo si

de Schruven

yue qi
de Musikinstrumenten

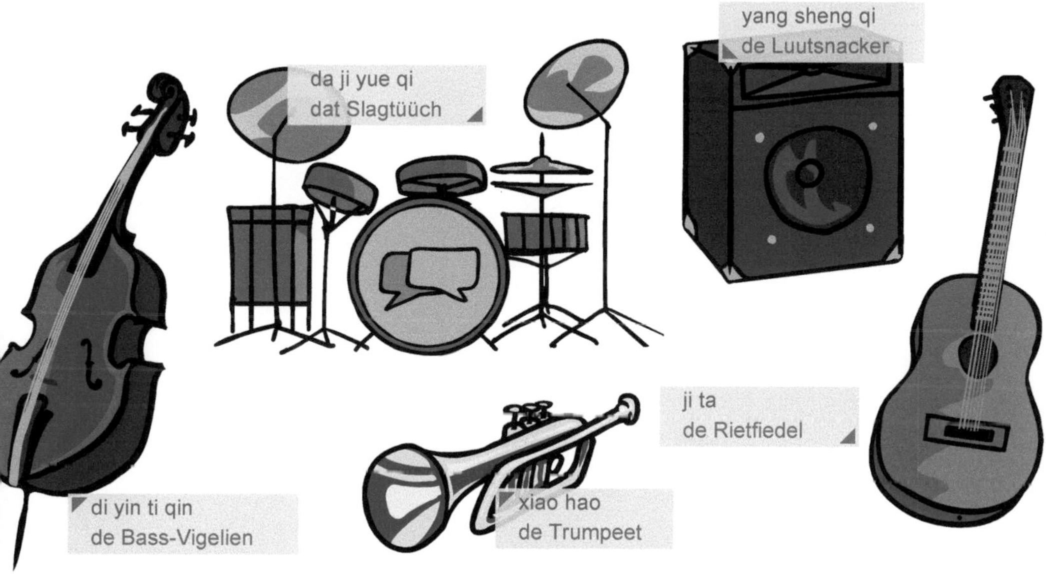
yang sheng qi
de Luutsnacker
da ji yue qi
dat Slagtüüch
ji ta
de Rietfiedel
di yin ti qin
de Bass-Vigelien
xiao hao
de Trumpeet

gang qin

dat Klaveer

xiao ti qin

de Vigelien

bei si

de Bass

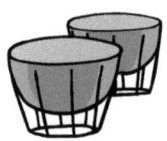

ding yin gu

de Pauk

gu

de Trummeln

dian zi qin

dat Keyboard

sa ke si guan

dat Saxophon

chang di

de Fleut

mai ke feng

dat Mikrofoon

dong wu yuan
de Deertenpark

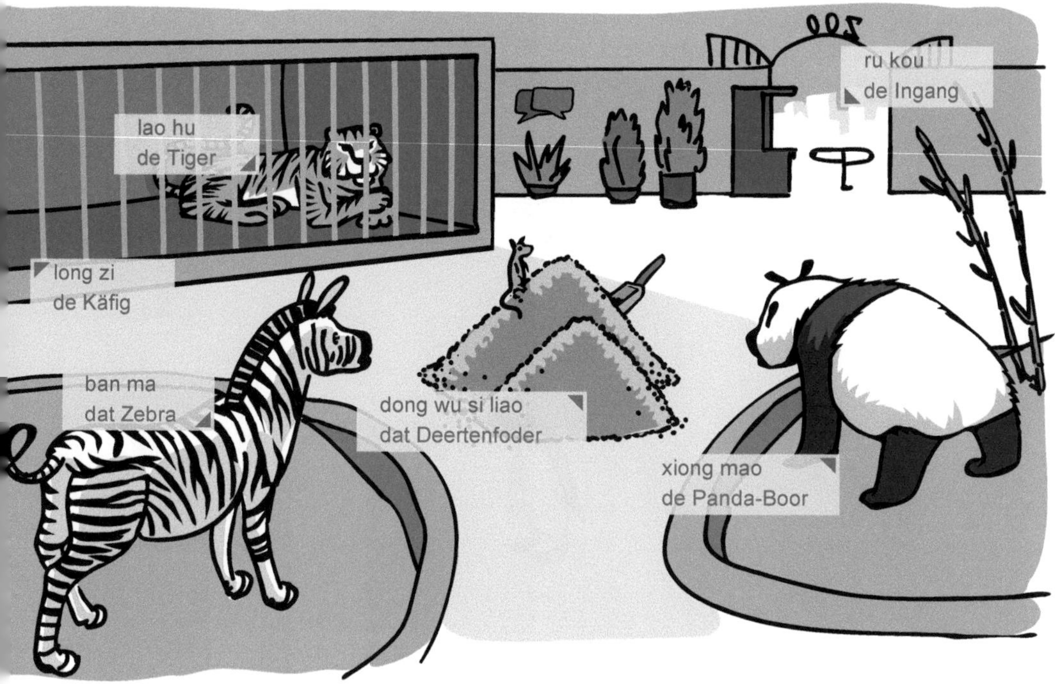

lao hu
de Tiger
ru kou
de Ingang
long zi
de Käfig
ban ma
dat Zebra
dong wu si liao
dat Deertenfoder
xiong mao
de Panda-Boor

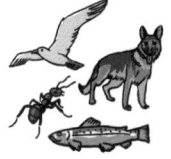

dong wu

de Deerten

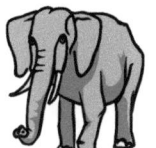

da xiang

de Elefant

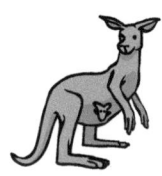

dai shu

dat Känguru

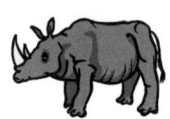

xi niu

dat Neeshoorn

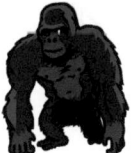

da xing xing

de Gorilla

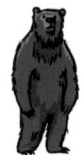

xiong

de Boor

luo tuo

dat Kameel

tuo niao

de Struuß

shi zi

de Lööv

hou zi

de Aap

huo lie niao

de Flamingo

ying wu

de Papagoi

bei ji xiong

de Iesboor

qi e

de Pinguin

sha yu

de Haifisch

kong que

de Pageluun

she

de Slang

e yu

dat Krokodil

dong wu yuan guan li yuan

de Oppasser in'n
Deertenpark

hai bao

de Saalhund

mei zhou bao

de Jaguor

ai zhong ma

dat Pony

bao

de Leopard

he ma

dat Nilpeerd

chang jing lu

de Giraff

lao ying

de Aadler

ye zhu

dat Wildswien

yu

de Fisch

gui

de Schildkrööt

hai xiang

dat Walross

hu li

de Voss

ling yang

de Gazell

gan lan qiu
de Amerikaansch Football

qi zi xing che
dat Radfohren

wang qiu
dat Tennis

lan qiu
de Korfball

you yong
dat Swümmen

quan ji
dat Boxen

bing qiu
dat Ieshockey

ying shi zu qiu

de Football

yu mao qiu

dat Fedderball

tian jing

de Leichtathletik

shou qiu

de Handball

hua xue

dat Skilopen

ma qiu

dat Polo

huo dong
de Aktivitäten

tiao
springen
yong bao
ümarmen
xiao
lachen
zou lu
gahn
chang
singen
zuo meng
drömen
qi dao
beden
qin wen
snuteln

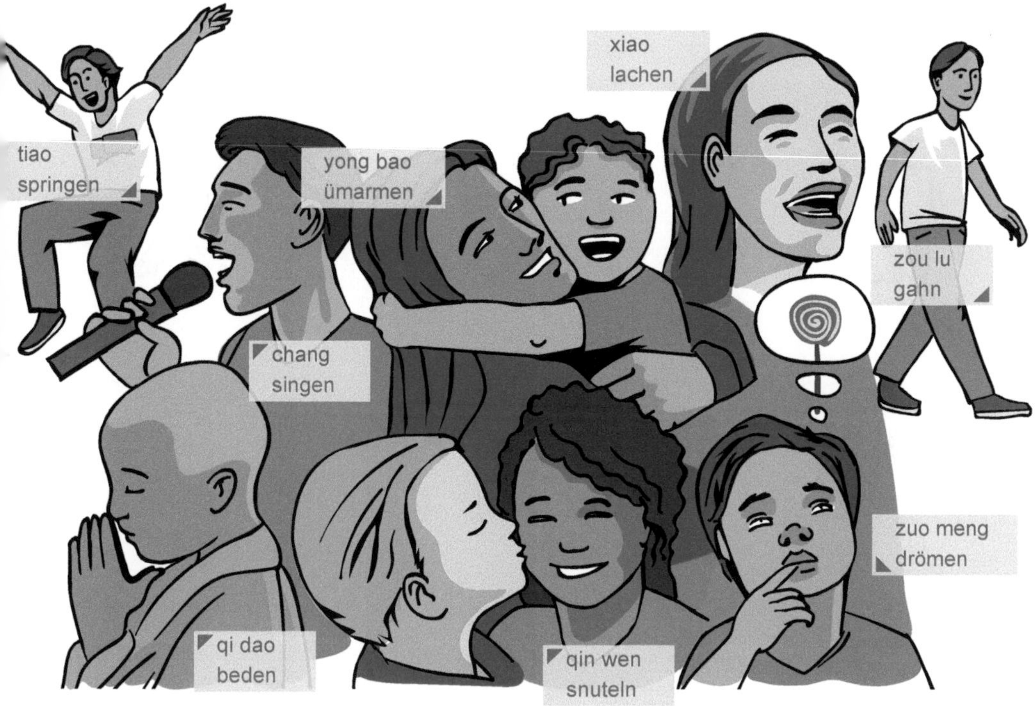

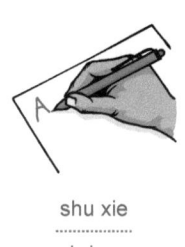

shu xie
schrieven

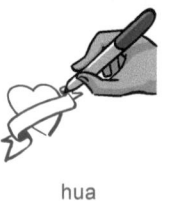

hua
teken

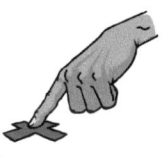

zhan shi
wiesen

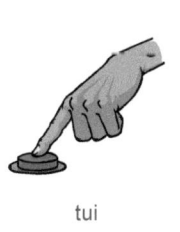

tui
drücken

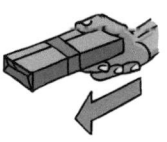

gei
geven

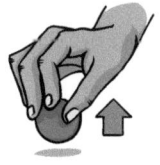

na
nehmen

you
hebben

zuo
doon

dang
sien

zhan
stahn

pao
lopen

la
trecken

reng
smieten

shuai dao
fallen

tang
liggen

deng dai
töven

xie dai
dregen

zuo
sitten

chuan yi
antrecken

shui jiao
slapen

xing lai
opwaken

kan

ankieken

ku

wenen

fu mo

eien

shu tou

kämmen

jiao tan

snacken

ming bai

verstahn

wen

fragen

ting

hören

he

drinken

chi

eten

qing li

oprümen

ai

leefhebben

zuo fan

kaken

kai che

fohren

fei

flegen

hang xing

segeln

ji suan

reken

du

lesen

xue xi

lehren

gong zuo

arbeiden

jie hun

de Plünnen tohoopsmieten

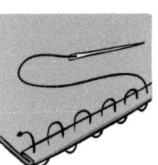

feng

neihen

shua ya

Tähnen putzen

sha

dootmaken

chou yan

smöken

ji

schicken

jia

de Familje

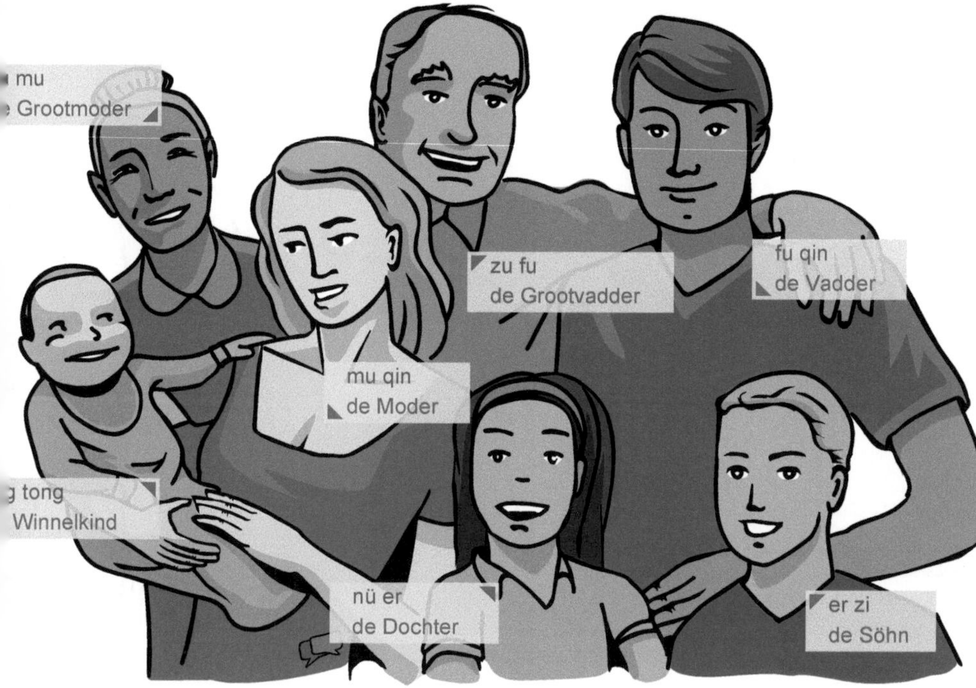
mu
Grootmoder
zu fu
de Grootvadder
fu qin
de Vadder
mu qin
de Moder
tong
Winnelkind
nü er
de Dochter
er zi
de Söhn

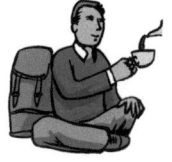

ke ren

de Gast

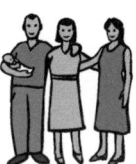

a yi

de Tant

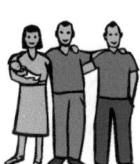

shu shu

de Unkel

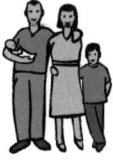

xiong di

de Broder

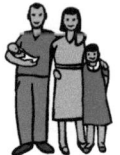

jie mei

de Süster

shen ti
de Lief

qian e
de Vörkopp
yan jing
dat Oog
jian bang
de Schuller
shou zhi
de Finger
lian
dat Gesicht
xia ba
dat Kinn
shou
de Hand
tui
dat Been
ru fang
de Bost
shou bi
de Arm

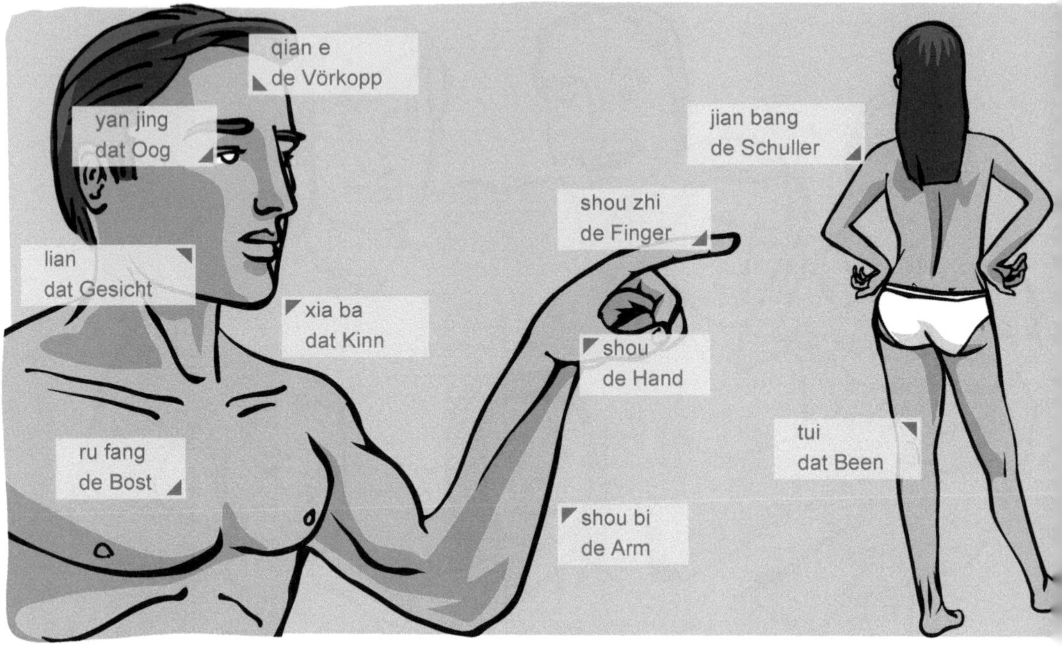

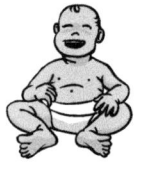

ying tong
dat Winnelkind

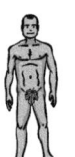

nan ren
de Mann

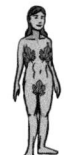

nü ren
de Fro

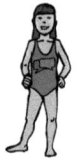

nü hai
de Deern

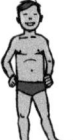

nan hai
de Jung

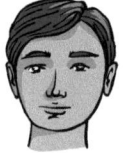

tou
de Arm

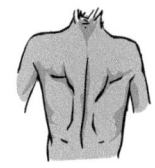

bei bu

de Rüch

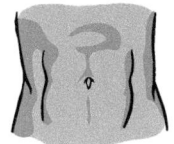

du zi

de Buuk

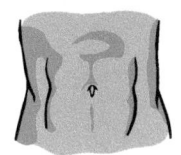

du qi

de Navel

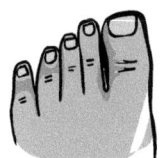

jiao zhi

de Teh

jiao hou gen

de Hack

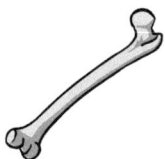

gu tou

de Knaken

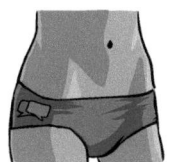

tun bu

de Hüft

xi gai

dat Knee

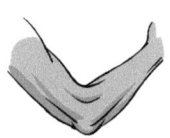

shou zhou

de Ellbagen

bi zi

de Nees

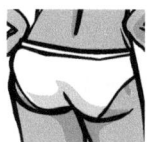

pi gu

de Achtersen

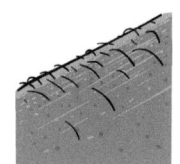

pi fu

de Huut

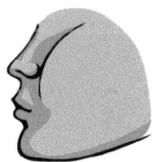

lian jia

de Back

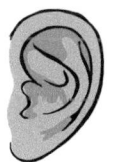

er duo

dat Ohr

zui chun

de Lipp

zui
....
de Mund

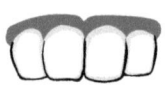

ya chi
....
de Tähn

she tou
....
de Tung

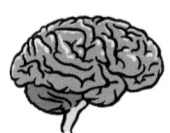

nao
....
de Bregen

xin zang
....
dat Hart

ji rou
....
de Muskel

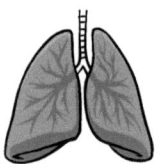

fei
....
de Lung

gan zang
....
de Lever

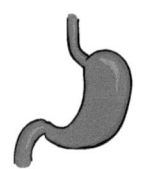

wei
....
de Maag

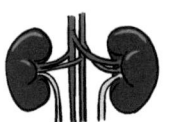

shen zang
....
de Neren

xing jiao
....
de Bislaap

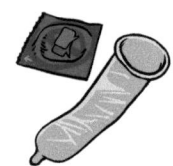

bi yun tao
....
dat Kondoom

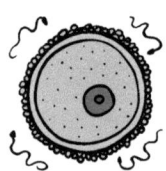

luan zi
....
de Eizell

jing zi
....
dat Sperma

huai yun
....
de Anner Ümstänn

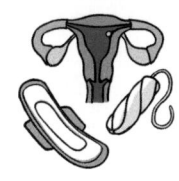

yue jing

de Menstruatschoon

yin dao

de Scheed

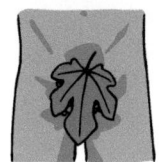

yin jing

de Pint

mei mao

de Ogenbroe

tou fa

dat Hoor

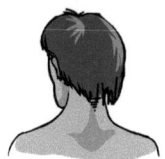

bo zi

de Hals

yi yuan
dat Krankenhuus

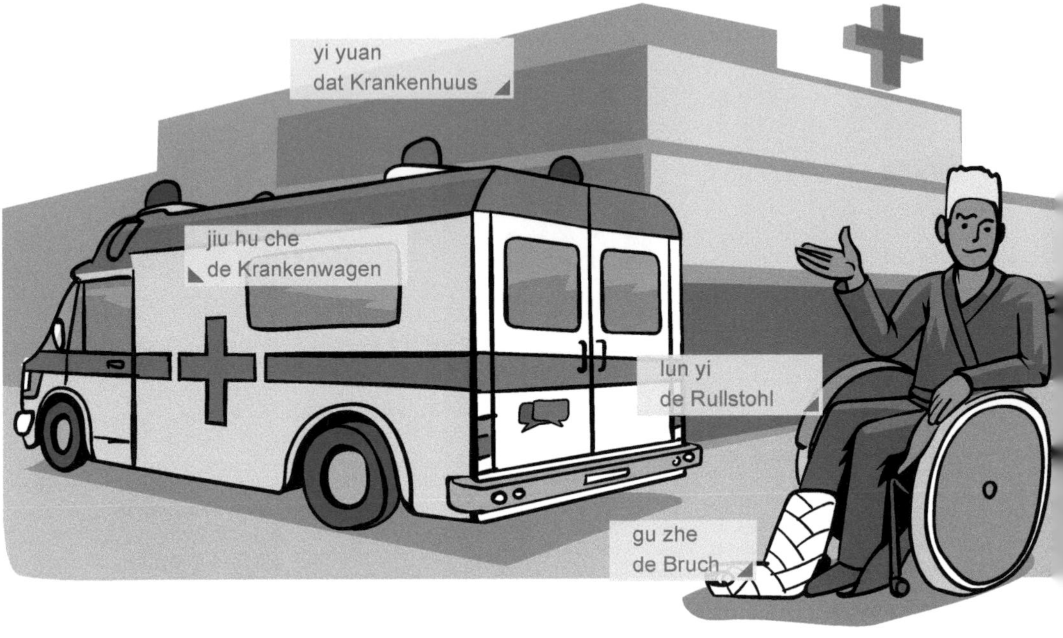

yi yuan
dat Krankenhuus
jiu hu che
de Krankenwagen
lun yi
de Rullstohl
gu zhe
de Bruch

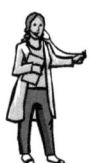

yi sheng

de Dokter

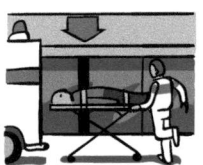

ji zhen shi

de Nootopnahm

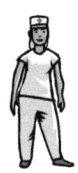

hu shi

de Krankensüster

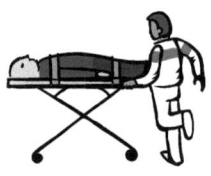

jin ji qing kuang

de Nootfall

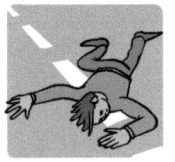

hun mi

ahnmächtig

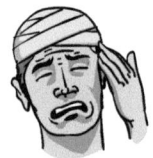

tong

de Wehdaag

shou shang

de Verwunnen

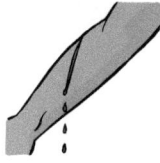

chu xue

de Blöden

xin zang bing fa zuo

de Hartinfarkt

zhong feng

de Slaganfall

guo min

de Allergie

ke sou

de Hoosten

fa shao

dat Fever

liu gan

de Gripp

fu xie

de Dörchfall

tou tong

de Koppwehdaag

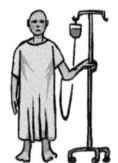

ai zheng

de Kreeft

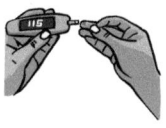

tang niao bing

de Zuckersüük

wai ke yi sheng

de Chirurg

shou shu dao

dat Chirurgsch Mess

shou shu

de Operatschoon

CT

dat CT

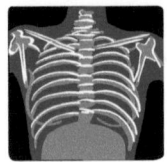

X guang

de Dörchlüchten

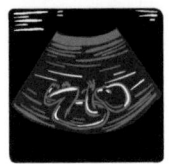

chao sheng bo

de Ultraschall

kou zhao

de Mask

ji bing

de Krankheit

hou zhen shi

de Töövruum

guai zhang

de Krück

shi gao

dat Plaaster

beng dai

de Verband

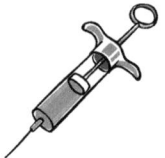

zhu she

de Insprütten

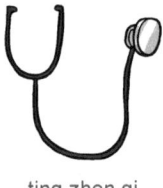

ting zhen qi

dat Stethoskop

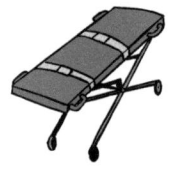

dan jia

de Draag

ti wen ji

dat Feverthermometer

chu sheng

de Geboort

chao zhong

dat Övergewicht

zhu ting qi

de Hörapparat

xiao du ye

dat Kiemfriemiddel

gan ran

de Ansteken

bing du

de Virus

ai zi bing

dat HIV / AIDS

yao wu

dat Heelmiddel

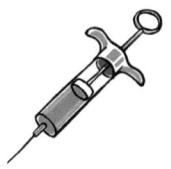

jie zhong yi miao

de Impen

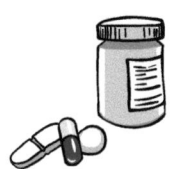

yao pian

de Tabletten

yao wan

de Pill

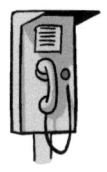

ji jiu dian hua

de Nootroop

xue ya ji

de Blootdruck-Meter

sheng bing/jian kang

krank / gesund

jiu ming!

Hölp!

jing bao

de Alarm

tu ji

de Överfall

gong ji

de Angreep

wei xian

de Gefohr

jin ji chu kou

de Nootutgang

zhao huo la!

dat Füer!

mie huo qi

de Füerlöscher

yi wai

de Unfall

ji jiu xiang

de Noothölpkoffer

hu jiu xin hao

SOS

jing cha

de Polizei

ou zhou

Europa

bei mei zhou

Noordamerika

nan mei zhou

Süüdamerika

fei zhou

Afrika

ya zhou

Asien

ao zhou

Australien

da xi yang

de Atlantik

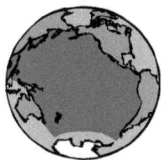

tai ping yang

de Pazifik

yin du yang

dat Indisch Weltmeer

nan bing yang

at Antarktisch Weltmeer

bei bing yang

dat Arktisch Weltmeer

bei ji

de Noordpol

nan ji
....
de Süüdpol

nan ji zhou
....
de Antarktis

di qiu
....
de Eerd

lu di
....
dat Land

hai
....
de See

dao
....
dat Eiland

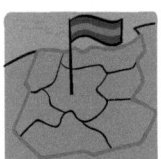

guo jia
....
de Natschoon

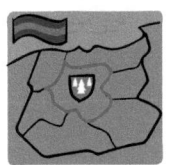

guo jia
....
de Staat

zhong mian

dat Tallenblatt

shi zhen

de Stunnenwieser

fen zhen

de Minutenwieser

miao zhen

de Sekunnenwieser

xian zai ji dian?

Wo laat is dat?

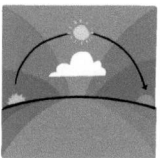

tian

de Dag

shi jian

de Tiet

xian zai

nu

dian zi biao

de digetaalsch Klock

fen

de Minuut

shi

de Stunn

zhou
de Week

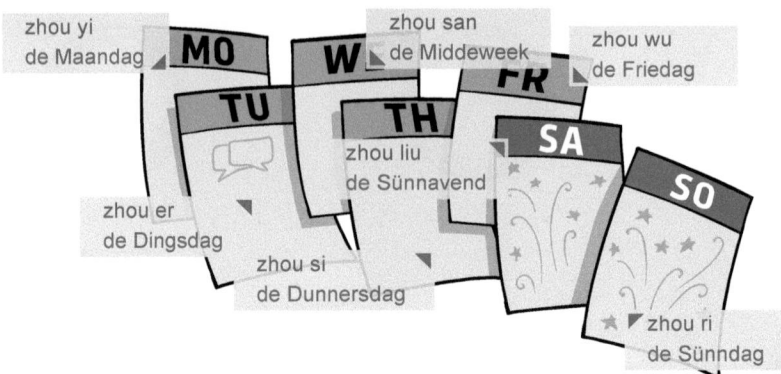

zhou yi
de Maandag

zhou san
de Middeweek

zhou wu
de Friedag

zhou er
de Dingsdag

zhou liu
de Sünnavend

zhou si
de Dunnersdag

zhou ri
de Sünndag

zuo tian

güstern

jin tian

hüüt

ming tian

morgen

zao chen

de Morgen

zhong wu

de Meddag

wan shang

de Avend

gong zuo ri

de Arbeitsdaag

zhou mo

dat Wekenenn

nian
dat Johr

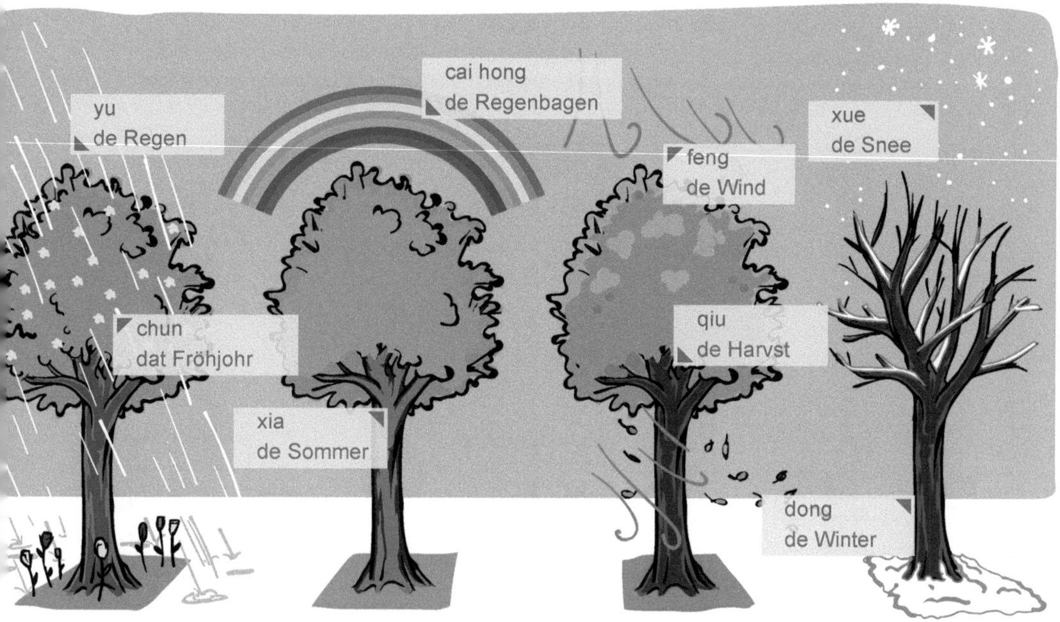

yu
de Regen
cai hong
de Regenbagen
xue
de Snee
feng
de Wind
chun
dat Fröhjohr
qiu
de Harvst
xia
de Sommer
dong
de Winter

4.APRIL 11°
5.APRIL 4°
6.APRIL 13°
7.APRIL 8°
8.APRIL 10°

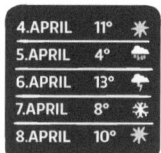

tian qi yu bao

de Wedervörhersaag

F C
120 40
90 30
60 20
30 10
0 0
-30 -10
-20

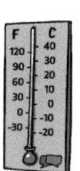

wen du ji

dat Thermometer

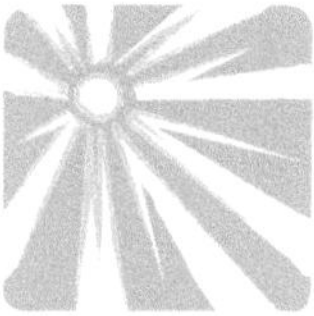

yang guang

de Sünnenschien

yun

de Wulk

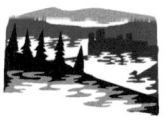

wu

de Nevel

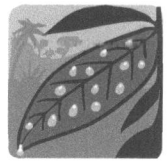

chao shi

de Luftfuchtigkeit

shan dian

de Blitz

da lei

de Dunner

feng bao

de Storm

bing bao

de Hagel

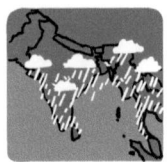

ji feng

de Monsun

hong shui

de Floot

bing

dat Ies

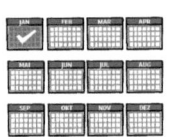

yi yue

de Januormaand

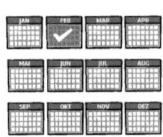

er yue

de Februormaand

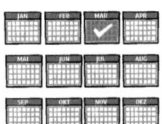

san yue

de Martmaand

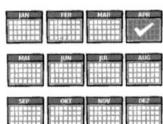

si yue

de Aprilmaand

wu yue

de Maimaand

liu yue

de Junimaand

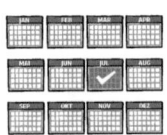

qi yue

de Julimaand

ba yue

de Augustmaand

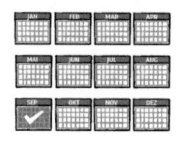

jiu yue

de Septembermaand

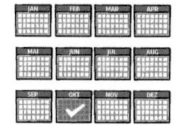

shi yue

de Oktobermaand

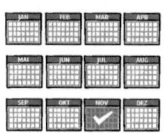

shi yi yue

de Novembermaand

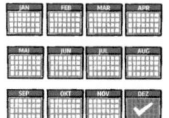

shi er yue

de Dezembermaand

xing zhuang
de Formen

yuan xing

de Krink

zheng fang xing

dat Quadrat

chang fang xing

dat Rechteck

san jiao xing

dat Dreeeck

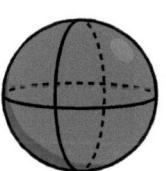

qiu ti

de Kugel

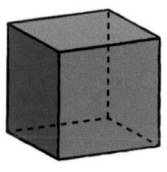

li fang ti

de Wörpel

bai

witt

huang

geel

cheng

orangsch

fen

pink

hong

root

zi

lila

lan

blau

lü

gröön

zong

bruun

hui

gries

hei

swart

hen duo/shao xu

veel / wenig

sheng qi/ping jing

bÖÖs / verdreeglich

mei/chou

smuck / mies

shou/wei

de Begünn / dat Enn

da/xiao

groot / lütt

ming/an

hell / düüster

xiong di/jie mei

de Broder / de Süster

gan jing/ang zang

schier / schietig

wan zheng/que shi

kumpleet / nich kumpleet

bai tian/wan shang

de Dag / de Nacht

si/sheng

doot / lebennig

kuan/zhai

breet / small

ke shi yong/fei shi yong

geneetbor / nich geneetbor

xie e/shan liang

böös / fründlich

xing fen/wu liao

fickerig / langwielt

pang/shou

dick / dünn

di yi/zui hou

toeerst / toletzt

peng you/di ren

de Fründ / de Fiend

man/kong

vull / leddig

ying/ruan

hart / week

zhong/qing

swoor / licht

e/ke

de Smacht / de Döst

sheng bing/jian kang

krank / gesund

fei fa/he fa

nich na't Recht / na't Recht

cong ming/yu ben

klook / dummerhaftig

zuo/you

linkerhand / rechterhand

jin/yuan

neeg / feern

xin/jiu
nieg / bruukt

mei you/you xie
nix / wat

lao/you
oolt / jung

kai/guan
an / ut

da kai/he shang
apen / slaten

an jing/chao nao
lies / luut

fu/qiong
riek / arm

dui/cuo
richtig / verkehrt

cu cao/guang hua
ruug / glatt

shang xin/gao xing
trurig / glücklich

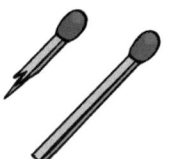

duan/chang
kort / lang

man/kuai
suutje / flink

shi/gan
natt / dröög

wen nuan/liang shuang
warm / köhl

zhan zheng/he ping
de Krieg / de Freden

0

ling

null

1

yi

een

2

er

twee

3

san

dree

4

si

veer

5

wu

fief

6

liu

söss

7

qi

söven

8

ba

acht

9

jiu

negen

10

shi

teihn

11

shi yi

ölven

12

shi er

twölf

13

shi san

dörteihn

14

shi si

veerteihn

15

shi wu

föffteihn

16

shi liu

sössteihn

17

shi qi

söventeihn

18

shi ba

achtteihn

19

shi jiu

negenteihn

20

er shi

twintig

100

bai

hunnert

1.000

qian

dusend

1.000.000

bai wan

million

yu yan
de Spraken

ying yu

dat Engelsch

mei shi ying yu

dat Amerikaansch Engelsch

pu tong hua

dat Chineesch Mandarin

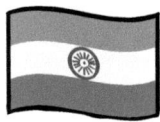

yin di yu

dat Hindi

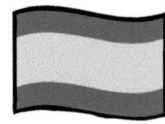

xi ban ya yu

dat Spaansch

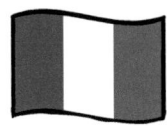

fa yu

dat Franzöösch

a la bo yu

dat Araabsch

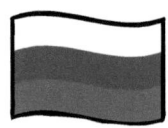

e yu

dat Rusch

pu tao ya yu

dat Portugiesch

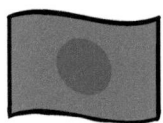

feng jia la yu

dat Bengaalsch

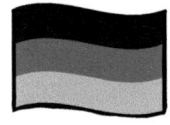

de yu

dat Düütsch

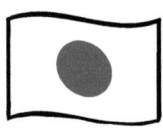

ri yu

dat Japaansch

wo

ik

ni

du

ta/ta/ta

he / se / dat

wo men

wi

ni men

ji

ta men

se

shei?

keen?

shen me?

wat?

zen yang?

woans?

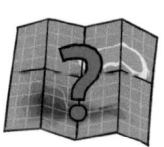

na li?

woneem?

shen me shi hou?

wannehr?

ming zi

de Naam

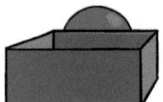

hou mian

achter

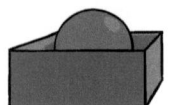

li mian

in

qian mian

vör

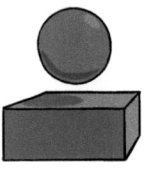

shang fang

över

shang mian

op

xia mian

ünner

pang bian

blangen

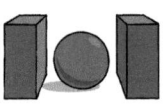

zhong jian

twüschen

di dian

de Oort